车老师在线

PROF. CHE IS ON LINE

聊聊出国生活工作留学那些事儿

车耳 —— 著

四川人民出版社

图书在版编目（CIP）数据

车老师在线：聊聊出国生活工作留学那些事儿 / 车耳著. -- 成都：四川人民出版社，2023.4
ISBN 978-7-220-12895-0

Ⅰ. ①车… Ⅱ. ①车… Ⅲ. ①世界—概况 Ⅳ. ①K91

中国版本图书馆CIP数据核字（2022）第230429号

CHE LAOSHI ZAIXIAN　LIAOLIAO CHUGUO SHENGHUO GONGZUO LIUXUE NAXIE SHIR
车老师在线：聊聊出国生活工作留学那些事儿
车耳　著

出 版 人	黄立新
责任编辑	廖姝云　郭　健
责任校对	舒晓利
版式设计	戴雨虹
封面设计	李其飞
责任印制	周　奇
出版发行	四川人民出版社（成都市三色路238号）
网　　址	http://www.scpph.com
E-mail	scrmcbs@sina.com
新浪微博	@四川人民出版社
微信公众号	四川人民出版社
发行部业务电话	（028）86361653　86361656
防盗版举报电话	（028）86361661
照　　排	四川胜翔数码印务设计有限公司
印　　刷	成都紫星印务有限公司
成品尺寸	145mm×210mm
印　　张	9
字　　数	189千
版　　次	2023年4月第1版
印　　次	2023年4月第1次印刷
书　　号	ISBN 978-7-220-12895-0
定　　价	48.00元

■版权所有·侵权必究
本书若出现印装质量问题，请与我社发行部联系调换
电话：（028）86361656

自序
PREFACE

此书内容，最初是以"车老师在线"为题的在线讲座，初衷是为那些有志于出国留学的人，包括在校大学生、中小学生以及他们的家长提供资讯，也是将我在欧美长期生活的经验分享给大家。

讲座是从如何正确写简历开始的，这种国际流行的自荐方式在现代社会越来越重要，在某种意义上其重要性甚至超过人事档案。之后，讲座顺理成章地讲到了推荐信。和自荐相比，他荐的方式有时也很关键，但是其中的诚信更为重要。留学意味着与外国人朝夕相处，学习他们的文化，了解他们的生活方式。

后来我发现这个讲座适合所有家庭，适合所有孩子和他们的家长。山外有山，天外有天，国际上通行的做法需要学习，国内的优良传统同样不应该被抛弃。于是我在后面谈到了越来越深入人心的那种"社会距离"、餐桌的礼仪、尊重与教养、垃圾的分类和处理，以及对法律正义的追求和对偶像的崇拜。讲述的都是共性的，被人广泛接受的，经得起时间考验的东西；探讨的都是具有普遍意义的，跨国界交往的，人与人之间的相处之道。

《车老师在线》讲的都是细节，而不是伟业。当今社会想做大事的人很多，愿意把小事做细的人太少，伟业固然令人神往，但构成伟业的却是许许多多毫不起眼的细节，就像老子说过的，"合抱之木，生于毫末；九层之台，起于累土；千里之行，始于足下"。

在《道德经》里，老子又说："天下大事必作于细，天下难事必作于易。"意思是：做大事必须从小事开始；天下的难事，必须从容易的做起。其实我们面对的经常是小事，做起来也不难，难就难在坚持，难就难在唤起每个人的良知。

"勿以善小而不为，勿以恶小而为之"，三国时期蜀汉皇帝刘备在生命的最后时刻嘱托后人的这句话让人印象深刻。如果以现代汉语类比，有一句话说得好：在正义面前，再小的善良也是点亮人心的火苗；在法律面前，再小的恶毒也能泯灭人性的良知。

对于一根铁链来说，最脆弱的一环决定其整体的强度；对于一个木桶来说，最短的那块板决定其容量；对于一种环境来说，最脏之处决定其环保的排名！那么对一个人来说，对一个社会来说呢？

细节不重要吗？不是不重要，而是需要，是人生的需要和社会的需要。在某种意义上，这些细节甚至和吃饭睡觉一样，是生活必需的也是让我们得到外部尊重的首要条件。

只有做好每一个细节，才有可能成就伟业。唯有改变心浮气躁、不求甚解的毛病,脚踏实地,从小事做起,注意细节,才会成功。

细节是平凡的,也是不足为奇的,一句话,一个动作,一个念想……细节像沙砾一样微不足道,很容易被忽视,但却不可轻视它,它可能成就你一生的辉煌,也可能毁掉你的一世英名。

我们每天面对的都是小事,评价一个人的标准也常常是小节。

以小见大,集腋成裘,积土成山,习惯而成自然。这本书告诉你,如果小节不注意的话,影响的将会是多大的一件事。

目录

上编　工作留学

第一章　求职的正确打开方式

第一讲　手把手教你写简历　　/ 003

第二讲　把握简历中的诚信　　/ 009

第三讲　他人推荐信的魅力　　/ 014

第四讲　现场和面试官博弈　　/ 019

第二章　留学的正确打开方式

第五讲　出国留学，选城市还是选国家　/ 025

第六讲　出国留学，选学校还是选专业　/ 036

第七讲　出国留学，选冷门还是选热门　/ 042

第八讲　出国留学，从上飞机说起　　　/ 048

第九讲　出国留学，从入海关说起　　　/ 054

第十讲　出国留学，从上课堂说起　　　/ 059

第十一讲　出国留学，要保持距离　　　/ 065

第十二讲　出国留学，离警察远点　　　/ 071

第十三讲　出国留学，学会送礼物　　　/ 076

第三章　关于礼仪，你不知道的事

第十四讲　不能乱点的菜单　　/ 083

第十五讲　不能乱放的虾壳　　/ 089

第十六讲　不能咬食的面包　　/ 093

第十七讲　不能端起的盘子　　/ 099

第十八讲　不能畅饮的红酒　　/ 104

第十九讲　不能忽视的小吃　　　／110

第二十讲　不能乱吃的牛排　　　／116

第四章　关于日常，你不了解的点

第二十一讲　主随客便客随主便　　／123

第二十二讲　不要把小费当施舍　　／129

第二十三讲　住酒店养成好习惯　　／135

第二十四讲　学会适应传统生活　　／140

第二十五讲　养儿育女榜样力量　　／146

下编　生活细节

第五章　碰触世界，从接纳东西方差异开始

第二十六讲　垃圾分类之个人行为　／155

第二十七讲　垃圾分类之社会责任　／160

第二十八讲　垃圾分类之行政力量　/ 164

第二十九讲　餐馆陋习之大声喧哗　/ 169

第三十讲　餐馆陋习之注重待遇　/ 174

第三十一讲　餐馆陋习之夹菜习惯　/ 179

第六章　融入世界，从了解法律知识开始

第三十二讲　法律悖论之判决夸张　/ 183

第三十三讲　法律悖论之起诉荒唐　/ 189

第三十四讲　法律悖论之良心宣扬　/ 193

第三十五讲　纽约悖论之城市破旧　/ 196

第三十六讲　纽约悖论之法律严酷　/ 203

第三十七讲　纽约悖论之文化缺失　/ 207

第七章　温故知新，从学习故事内涵开始

第三十八讲　从《教父》中学责任　/ 211

第三十九讲　从实践之中警惕败家　/ 218

第四十讲　从小事之中看鱼水情　/ 224

第四十一讲　从内战中看南北裂痕　/ 231

第四十二讲　从黑白中看种族隔离　/237

第四十三讲　从语言中看风度教养　/244

第八章　明辨是非，从偶像崇拜到完善自我

第四十四讲　偶像进化之实际需求　/251

第四十五讲　偶像进化之理想人物　/255

第四十六讲　偶像进化之精神追求　/260

第四十七讲　偶像进化之怜悯精神　/265

第四十八讲　偶像进化之成为自己　/269

参考书目　　　　　　　　　　　/274

上编　工作留学

第一章

CHAPTER 1

求职的正确打开方式

第一讲 手把手教你写简历

我们都知道，简历是求职的敲门砖，一份有特色的简历可以让你获得很多机会，得到招聘人员的垂青；相反，简历上的半点疏漏都可能造成无法预料的损失。简历无小事，每个措辞都需要认真斟酌。我曾经在招聘博士时，每个职位看几十份简历，这十分正常。博士属于少数群体，而那些大公司的人力资源经理或猎头看得更多，甚至每天都会浏览上百份学士和硕士简历，大部分被阅读的简历也就用时几分钟甚至短短几十秒钟。那么，一份出彩的简历就是幸运历程的开始。

我根据旅居法国和美国的经验，给大家提供简历的撰写思路和技巧。

一、简历排版就是你的脸面，要用心修饰

简历内容固然重要，但好的排版能起到锦上添花的作用。针对不同岗位或不同风格的公司，应准备有针对性设计的简历，有些公司希望看到更特别的呈现方式与内容，而有些公司则更注重内容的条理性与严谨性。

首先，能一页纸搞定的千万不要用两页纸，能两页纸搞定的就不要用更多的纸。一般是中文一页，英文也一页。要记得最多不要超过两页纸，两页纸最好打印成正反面，也是一页，节约纸张。如果用人单位打电话通知你了，表示希望看到详细说明，那时再发邮件，补充支持性文件。

每次我见到三四页纸、间距很大的简历都会有先入为主的不好印象。那有的同学就会问：如果我的经历特别丰富，所获荣誉又特别多，一页纸不够写怎么办呢？其实，写简历就是给自己的经历做减法，不是做加法。很多人写简历，恨不得把自己所有的经历都写在上面，这会导致内容庞杂、形式混乱，让面试官浏览简历时找不到重点，所以说贪多求全，反而得不偿失。尤其是应届生在撰写简历时，要根据所选的单位和职业特点来微调自己的简历。有用并且有关联的才往上放，那些即使看上去很辉煌但却对要求职的单位来说毫无重要性的经历就要果断删掉。简明扼要，直击重点，就是一份值得反复阅读的简历的特点。内容冗长、行文枯燥、重复罗列的简历是不受人力资源经理青睐的。

其次，文字排版要让人舒服。什么样的文字排版才会让人看着舒服呢？建议你写英文简历时用Times New Roman字体。逗号后面记得空格，简历里一般用不到句号。字号的选择也很重要，要看着舒服的那种。曾经有一段时间西欧有人用斜体，之后就不流行了。在这一点上，要学会到什么山唱什么歌，向当地人学习，事先做点功课。

最后，版面设计要标新立异。这也不是鼓励你不走寻常路。一份版面有设计感的简历能一下抓住人力资源经理眼球，而没有特色的简历可能最先被遗忘。那怎样排版才能与众不同呢？曾经有人用钢笔小楷一个字一个字地写出简历，被招聘主管称赞不已，当然这种简历太费工夫，只能写给特定招聘机构和特定的人。现在网络上有很多简历模板，建议同学们可以下载和自身风格相符的模板。当然如果你是学设计的，也可以自己设计出一个模板。人力资源经理很可能因为你设计的简历版面是否美观决定是否录用你。

二、简历关键用词要反复推敲

首先，简历要以关键词为导向。什么是关键词？符合职位特定要求的证书、技能、精神、品质的词汇就是关键词。比如说在我国，金融行业喜欢有CFA（特许金融分析师）资格的人，财务岗位愿意招聘CPA（注册会计师），律师事务所希望看到那些一次性考过司法考试的应聘者，医院争抢那些还没博士毕业就取得医生执业资格的医学生。美国一些岗位喜欢招有领导才干的人，法国一些公司则喜欢有特殊建树的应聘者，等等。

关键词的意义在于，它可以帮助人力资源经理在有限时间内注意到你的经历的闪光点，不至于将你马上刷下去。而且猎头和人力资源经理在数据库搜索匹配简历的时候是根据一两个关键词进行搜索，快速定位到所需要的简历。简历中涵盖的与专业经历和技能匹配的关键词越多，被搜寻到的可能性就越大。

其次，注意动词。我注意到很多同学写简历喜欢以"负责某某项目（responsible for）"开头。这个短语基本上不具备太多的信息含量，因为它并不能具体说明你从事工作的内容和手段，是协助（assist）、分析（analyze）、领导（lead）、创建（create）、发起（initiate）还是设计（design）？我们都知道关键词很重要。动词，就是为了说明如何去实施这项工作的，所以动词也发挥着举足轻重的作用。

三、简历内容要有质感

简历的内容大体可分为五个部分，包括基本信息、教育背景、工作经历、所获荣誉、自我评价。

现在要说的是，基本信息里你可能会犯的错误。有的中国学生在简历上写了生日，这在中国很正常，而在美国则会被窃笑，可能被认为不会入乡随俗。因为文化背景不同，应聘环境也不一样。在美国，面试官不会问你的生日，不会问你的种族，不会问你的婚姻状况，这些很私密的问题他们都不会提及。因为但凡在面试的时候问了年纪、婚姻状况,甚至体重等问题,而最后没有招聘,面试官甚至其代表的公司很有可能被告上法庭,可能输掉官司,白白付出代价。这些体现个人隐私的信息最好不要写,写上是画蛇添足,也是给面试官挖陷阱。如果在法国等欧洲国家,不小心写上去的话问题或许还不太严重。

其次,把自己最光辉的经历放在靠前的位置,比如常青藤的学校、知名实验室、行业领头公司项目实习经验等。如果不具备这些,就把与申请职位最贴近、最能体现自己价值和能力的经历放在最前面。

要强调一点,美国的公司更看重本土经验。如果你曾经实习过的公司都是全球业界顶级公司,但是实习地点是在美国以外,而且对于现在的工作来说相关性较弱,就可以尽量淡化,除非你是在四大会计师事务所或者国际性投行实习,那里的工作语言和习惯全球都一样。将排头的经历写成在美国做过的项目以及实习,会让美国面试官觉得熟悉和亲切,这样小小的改动将在无形中为你获得额外的机会。

相信大多数同学的海外经历比较匮乏,所以你要把你在校内做过的项目、参加的比赛写在上面。一旦确定出国留学,则要做好相应功课,在自己学业一般、经历普通、没参加过什么大赛、没获得什么奖励的情况下,最好提前安排一些有意义的义务劳动工作,比如去养老院服侍老人、关注脑瘫患者,甚至是参与援救流浪狗协会,并留下相关照片和文字资料。

这种义工在西方国家尤其是美国非常普遍,他们都习以为常,招聘者和应聘者都视此为一种人生经历、一种正能量,尤其是对于一些著名院校的应聘者,在已经做出一定成绩、有一定影响力的情况下,更是如此。

社会处处有善举,人生时时要学习。

第二讲　把握简历中的诚信

简历撰写其实是个长期的过程,上大学后找实习单位,就要写简历;毕业前要写简历,这是人生最重要的简历,不仅要用于找工作,还是人生中迈向社会的关键性一步;之后还要写简历,因为要读硕士、博士,要换工作,要申报专业资格考试,要晋级,要评定职称,人生是不断学习探索的过程,也是不断更新简历的过程。

为什么简历如此重要?因为它是人生的自我推荐信,代表着自尊和自信;因为它是一个自我完善的过程,需要有连续性和完整性;因为它是一种自我证明,一张自我名片,一种自我诚信。

一、简历代表着自尊和自信

写简历时要端正态度,针对简历回答招聘者提问时也要秉承这个态度。写简历时要落笔有据,回答问题时则要不卑不亢。即便毕业于一个不知名的学校、一个普通的专业,找工作时也要有自信,不能先低看了自己。行行出状元,就像北大那位卖猪肉的学生一样,毕业后去了西安一个国营小厂,厂倒闭后在街头卖猪肉,起名"眼镜肉店",卖猪肉斤两不差,童叟无欺,有口皆碑。

他后来被养猪行业的企业家,也是北大校友看上了,后者将猪肉销售做成全国性的产业!猪肉在我国消费者众多,消耗量那么大，当然大有可为。

想想看，卖猪肉都能卖出名气，既然北大毕业生在小摊上都可以干出成绩，那你什么不能干？如果我是企业家，也会要这种人。因为他吃得了苦，遭得了罪，懂得珍惜。

应聘时也要注意不要先矮了一截，无论在国内还是国外。要知道，招聘你的那位西装革履、一脸严肃的家伙学历可能还不如你！也可能他比较优秀，但临时被抓过来心不在焉，对你的评价全凭某些方面的印象。他们可能只关注简历中的某一项，而对其他部分视而不见，所以你得对自己在简历中的每一句话都能解释，都有支持性文件。

二、简历需要不断更新，不断完善

人生也许要写无数遍简历，填写无数次表格，人生中每个明天都是一个新日子，简历就有不断更新的必要。实习了需要更新，考研了需要更新，毕业了也需要更新。更新次数多了就会乱，时间会乱，顺序会乱，用词也会乱，而且年龄越大越乱，生活地点变动越多越乱。我见过的混乱简历不仅是籍贯不一致，有的甚至连出生年月都不一样，令人诧异。究其原因，阳历和农历是一个原因，以前中国农村的孩子没有出生证明，多年后才上学填表，办理身份证更晚，中间记不清楚、填错的机会很多。

在电脑没有普及的时代，有心人写好简历后再自己抄写一份备用，用复印纸同时可以写两到三份。之后电脑普及了，人人用电脑，则需要做一个备份。这种方式好在哪里呢？就是前后的一致性，就是不会被招聘人员质疑。一份简历如果在某个地方遭到质疑，尽管这种质疑容易被化解，但也影响自己其他优势显露的机会。

简历还要有连续性，这是许多人不注意也容易受到质疑的地方。比如说同一时间实习了几个地方，那就要淡化时间节点，并留出解释的空间，不能让人质疑你同一时间身在A处又在B处；而在之后应聘时不能两年前写在A处，两年后写在B处，让后来的招聘人员质疑。他们可能会咨询你之前服务的机构，也会申请查询你的信用记录，尤其是在美国。在这个国家，个人信用记录是可以花几十美元购买的，任何用人单位都可以购买，如果前后不一致就会惹麻烦。

三、简历不能造假

这点我放在最后讲，并不是它不重要，而是最重要！！！

我在这里打了三个感叹号。

在国内，如果档案材料造假，外调人员会审核，上面派下的督察人员会审核。这几年中纪委巡视，查处档案造假是一个重要方面。不少人因为简历造假失去了晋级的机会，被人鄙视。在美国，中国学生集体造假事件已经发生多起，被集体退回、集体开除、集体拒签的例子不少。有的学生比较无辜，因为是中介公司造假，自己却为此埋单，成了受害者。

有的简历则游走在假与真之间，这点也要重视。我曾经在中国最大的投资公司工作，这个公司在国外名气也很大。所以老有朋友介绍自己或者别人的孩子过来实习，也有不少人希望我给写个推荐信。一般情况下我都会尽力安排，毕竟涉及这些青年人的未来。

但是当一位朋友介绍的人没有真的来我们这里实习，却提出直接让我写封在我们公司实习过的推荐信时，我会婉言拒绝。我会向好友亲朋认真解释这样做的危害。除了需要向年轻人灌输正确的价值观之外，我会向他们介绍美国社会的习俗及美国人关注的诚信问题。虽然这种虚假信息可以瞒过一时，但是当人家问起来，没实习过的人会心虚回答不好，而且一旦写入简历就会持续写下去，谎言总有被揭穿的一天。听了解释，这些朋友倒是都从善如流。

有时为了帮助朋友，只好在答应写推荐信的同时安排其孩子实习，虽然对我来说增加了难度，但是我心安，也让对方心安。尽管这些年轻人从外地飞来北京只是实习几周甚至更少，那也是真实的经历。这样的话，对年轻人好，他有了工作上的切身体会，而我对他的能力有了直观认识，写推荐信时下笔有料，有针对性地写，这样对他更好。

大公司的人力资源部有核对员工资料的习惯。几年后重填表格，你的履历和之前所填的不一样，会经不起历史的检验。

以我为例，刚走向社会时，我把自己的籍贯写成了吉林长春，户口上就是这么写的，因为长春是我父亲居住的地方。因为我们这个时代的人，一般都是把父亲的出生地作为籍贯，而不是自己的出生地。后来我满世界走了一圈，发现不管是美国也好还是欧洲也好，都没有籍贯一说，强调的都是自己的出生地。后来我就改为哈尔滨了，因为哈尔滨是我自己出生的地方。

如果应聘公司是一个严格的机构，发现你连出生地这么重要的一个问题都填错，就说明你的个人诚信有问题。不过我是能解释的，一个是中国籍贯，一个是西方人所说的出生地。但是你也要对自己简历会解释，说得过去，被诘问时有理有据。总之，写出来的简历一定要经得起时间的考验。

案例分享

晓慧是一位朋友的孩子，因想进入某企业而让自己的外国好友"代笔"，冒充同行业某佼佼者为她写了一份假推荐信。因无人核实而获得用人单位的信任从而被录用。但在晓慧入职后的日子里，她工作十分吃力。她本来就没有这个职位要求的那种能力和知识储备，于是屡屡无法完成任务，压力倍增导致焦虑症发作，在既无法胜任工作又开始抑郁的情况下，晓慧不得不选择主动离开。这个例子告诉我们造假是不可取的，哪怕一时蒙混过关，也无法摆脱假象带来的后果。

第三讲 他人推荐信的魅力

这个题目和之前写简历一样涉及所有人，大家都知道出国留学需要写推荐信这件事，但是并非很多人都理解其中含义，一些人撒手不管让父母代劳找中介，另一些人则希望在信中拼命说好话，还有一些人费尽心力找那些有名有势的人签字。这些观念其实都是需要纠正的。

一、自己动手，丰衣足食

为什么这样说呢？因为现在国内的出国留学市场有一个令人深恶痛绝的现象——"推荐信代笔"。一方面因为父母对子女干预太多，越俎代庖，子女不会写或者懒得动笔就替子女找中介写推荐信，再找认识的专家、学者签字。另一方面则是一些学生依赖感太强，更愿将这种需要仔细斟酌的事情让他人代劳，结果就是准备出国留学的中国学生推荐信千篇一律，使用同样语言、同样格式，同质化倾向严重。

想想看中国有多少个留学中介，他们一年得写出多少推荐信？如果都是十年不变的模板，用相似的语气和口吻，再向同一大学发去众多的推荐信，那些招生人员会有什么感觉？就像让人天天吃同样的饭菜，会不会想吐？要知道欧美大学负责招生的工作人员的流动性远没有国内那样大。几年后碰到的可能还是那帮人。那些阅简历无数的招生人员往往讨厌这种千篇一律的东西，没有继续读下去的意愿，还可能质疑你的真实性，甚至直接拒绝的心都有。

我认识的一些北大、清华本科生就自己起草推荐信，自己找导师签字，即便有父母介绍行业内专家，他们也会提前将推荐信准备好。即便人到暮年也仍然有写简历的需求，比如出版回忆录，比如自写悼词，比如自写墓志铭。有的英美人提前把墓志铭写好，独具风格，甚至有点搞笑，让后人刻到碑上，让你感受到的不是悲哀，而是其乐观的处世心态。这种自己准备的都是耐看耐读，尽管信写得不够标准，英文遣词造句不够好，甚至有些许错误，但是个性化的，一看就知道是费心写的，成功概率就更大。

二、好话不必说尽，坏话可以写

一般地讲，国人在自荐这方面还是比较含蓄的，自吹自擂的比较少，尤其是在面试时候。我经常会鼓励在美国留学或者准备去美国留学的年轻人不要太谦虚，要不卑不亢地表现自己的能力和实力。因为你不表现就没人替你展现，你的才华就会被忽视，机会就会被错过。和欧洲国家倾向低调含蓄不同，美国是一个鼓励人展现自我的社会。

但是，我不建议学生在推荐信里夸大其词，尤其是听任留学中介胡编乱造，而不做纠正，甚至沾沾自喜。一封推荐信当然要写好的方面，要说好话。比如像hard-working（辛勤的）和devoted

（全心全意）这样的词句都可以写，但可能所有人都会写，于是语境和例证就很重要，比如"他为这个项目一周都加班到夜里十一点，其他人都不在了，只有他办公室的灯一直亮着，看得出是个工作狂"。

或者调换一个角度，从缺点方面而不是从优点方面说起，因为大家在推荐信中都大谈优点，造成视觉疲劳。比如这样写："家辉的一个缺点就是太固执，有时候还想说服我，虽然是我指导他而不是他指导我。那次因为母亲患了癌症，家辉开始没说实情就要求推迟博士论文答辩时间，以便多些日子研制抗癌血清，我不久之后才知道，如果对家庭能够这样忠诚，不计自己得失，我坚信他对事业也会如此。"这样的例证会让招聘官印象深刻，打动他们。

所以，在写出申请人的特长、兴趣和未来潜力的同时，一封优质推荐信一般会包含真实的例子，不要图省事，不要自己的事交给别人，不要让中介公司写得天花乱坠，不要毫无特色的东西——那种文字挑不出毛病却看着眼熟，好像都是同一个模子出来的复制品。

西方大学比国内更看中推荐这种形式，但很多熟知中介套路的招聘官鄙视国内推荐信，因为水分太多。他们宁可相信自己人写的，美国人相信美国人的，法国人相信法国人的。道理很简单，人总是相信具有同样价值观的人，比如美国人强调诚信，法国人注重隐私。如果拿不到当地人写的推荐信的话，还可以找那些有过国外学习经历特别是工作经历的国内专家学者，如果去美国留学就找在美国工作过的，去法国留学就找在法国工作过的，这些人见识广泛，知道所在国的习惯，会让当地招生人员产生共鸣。

三、名人效应要善加利用

推荐信的目的是让你将要申请的学校或者你将要就职的公司能了解你的长处和潜质，了解你过去的经历、未来研究和工作的能力，所以推荐人是很重要的。

一封正式的推荐信常常需要交代推荐人与被推荐人之间的关系，推荐人以何种身份写此推荐信。如果是目前的朋友、曾经的上司，或者现任老师的话，还要说明两人认识多久。同时，推荐人要介绍自己有何专业背景，甚至在自己所处领域的时间和影响力，因为对方其实在暗示：你有何资格推荐？

为什么要有推荐信？这是考虑到申请人对自己评价比较主观，不令人信服，所以找第三方来评估一下。在这时，推荐人的背景经历、行业声誉和职位都是招聘官考虑的因素。

通过美国特殊人才绿卡申请条件就可以看出政治地位和国内特别看重的级别对美国人来说不具任何优势，反而有自己著作和理论文章、有获奖的人才可以得到高分。

当然，写推荐信也可以找上司，只是上司官衔越大沟通越费时耗力，又不好催促，不见得赶得上招聘时间，就显得不值。还不如找有学术背景又熟悉的人，求他们写信可能更容易。

此外，大家知道一般得有两三封推荐信才行，而不是一封就能应对。那么这几封推荐信就要既有共性又有个性，不能相互矛盾，也不能雷同。优点要分开，角度要不同，给人感觉是不同人写的。大家也知道，目前很多推荐信是学生自己起草，之后推荐人修改签字，那自己起草时就要有所区分，要知道对方招聘官阅人无数，你几封推荐信口吻、内容都雷同，也太瞧不起招聘官的智商了。

  推荐信这件事可小可大，小到只是一个准备材料的程序，大到足够决定一个人的命运。这和简历不同，所谓简历说白了是一种自荐信，自己推荐自己。这常常是不够的，尤其是对那些年轻人，准备入学的、没有社会经验的人来说。相比之下，推荐信是他荐，别人来介绍你，是他人对你的增信，就像借款人有财大气粗的人做担保一样，有这种担保银行肯定借款给你。为什么？因为这是一种第三方背书，有点"别人说你行你就行，别人说你不行你就不行"的味道。

  所以，想让别人觉得你行，就得自己动手，写出特色，让自荐有说服力，让他荐有感染力。

第四讲　现场和面试官博弈

之前给大家讲了如何写简历、把握简历中的诚信以及推荐信的魅力，那么第四讲就给大家讲讲，在和面试官博弈的过程中，你要注意些什么。一旦投递的简历打动了人力资源经理，紧接着就要面试了。恭喜你离成功又近了一步，同时要记住新一轮的挑战开始了！无论申请学校还是申请工作，参加面试，就要对此有一个清晰的认知，了解必要的面试技巧，形成自己的面试方法。

一、面试就像销售，是双向选择

可以把应聘者看成卖方，应聘就是在推销；可以把面试官看成买方，招聘就是在购买。而整个世界就像一个巨大的人才市场，人生中要无数次进出这个市场，从幼儿园就开始了，只是之前父母帮我们推销。而成人之后，就要学会自我推销了。和商品市场一样，虽然说优秀人才像质量好的商品一样会得到更多人青睐，但是平庸之辈也可以找到自己的归宿，因为市场并不是同质的，招聘机构也不都是优秀的，这里也存在一个性价比关系。即便再优秀但是要价太高也难卖出去，即使再普通但是性价比好一样有市场。说到底，这个世界主要是以普通商品和普通人为主，多数人过的是普通生活。此外，市场是多样化的，比如说有古玩市场，有奢侈品市场，但主要是大众化市场，每个人在这个市场中都有自己的机会。

有时候，面试也像一场相亲，你在寻找职业上的伴侣，而招聘机构也在寻找志同道合的候选人，它是一个双向选择的过程，只有对方互相满意，这段感情才会长久。当然之后离职就像离婚一样，最好是以和平方式，挥挥手，不带走一片云彩。只是在太多时候，我们会觉得自己是求职者，更需要这份工作，所以姿态就放得很低很低，把自己伪装成公司想要的样子。但是违心的事总不会长久，就算你最终拿到了offer（录取通知），但是否会因公司的价值观和发展理念，以及上级的做事风格而选择离职？所以，平常心很重要，人生机会多着呢，面试前努力争取，做好充分准备，如果没得到，就再找机会罢了。

面对招聘机构和一份想要的工作，可以谦卑，可以低调，但不可以谄媚，不可以没有原则，要保持个人尊严。我们当然要尽量满足公司的需要，但公司要找的是人，而不是机器。你的特色，你的性格，你的背景都是应该尽力彰显的。

二、注意面试礼仪，是机会的开始

在西方国家面试，大体流程和中国一致。或者说国内机构一直在学习西方国家招聘工作的先进之处，以至于现在一流大学和国际大公司招聘流程逐渐趋同。先是人力资源经理在排查简历后第一轮电话面试，对你进行简单的了解，并询问你的薪资要求，以及你是否拥有匹配该职位的必要技能。之后他会把你的简历推送给招聘经理，如果招聘经理觉得你是个不错的人选，就会对你进行第二轮电话面试。这轮可能是技术面，看你是否胜任。面对这样突如其来的电话面试很容易出现舌头打结的状况，反应不过来。这时建议你说正在忙，留下对方姓名、公司和电话，并说明在半小时后会回电，这半小时就是你为自己争取的黄金时间，考虑一下思路然后再气定神闲地打回去。别担心，大家都懂礼仪，一般不会因此有什么影响的。

如果一切顺利的话，那么恭喜你，就要进入激动人心的终面了。终面常常有三至五个面试官，这些面试官分别由直属领导和同事组成。这一轮除了考察你的职业技能和综合素质以外，还会考察你是否是个好同事，是否能快速融入公司，对公司是否有归属感。这些年集体面试成为一种比较流行的面试方式，就是那种除了"个面"之外的"组面"，几个人一组，面对几个专家。

我在参加国内著名大学自主招生时也是这样。几个应聘学生简单介绍自己后，就一个专题展开讨论，每个人都有单独发言机会和自由抢答机会。这时能记住之前同学的名字会令人印象深刻，比如说"王同学刚才讲了什么"就比说"这位同学讲了什么"给人感觉好；此外要记住不要打断别人的发言，不要明显抢答，顺势接话茬最好，积极参与而不是抢答，留给发言少的人以机会；同时还要谦让女生。这都显示了一个人的团队精神和领袖气质，而这种精神、这种气质是任何一个招聘机构和任何一个招聘官都欣赏的。

面试时应该穿什么？当然是正装！女士要简单大方，最好穿深色套装显得稳重，千万不要浓妆艳抹，这样反而适得其反。可以不美丽，但是要大方，要有气质，那是一种发自内心的自信。男士比较简单，西装革履就可以。正装给人以体面专业之感，没见到那些咨询公司的人拜访客户都是这样吗？而且西装比较保险，因为当你随意地出现在面试现场，而周围都是西装革履的竞争者，你会做何感想，会不会因为自己的"与众不同"而不好意思呢？

要和面试官互动，不仅是语言上的，还有眼神上的，肢体语言上的。比如认真听讲，直接回答问题；比如对方说话时你要看着人家，不能目光游离，也不要不敢直视；同时，避免摆弄笔、晃腿等小动作，这些都会被当成自信心不足的表现，从而给人不好的印象。这跟相亲差不多，虽然人家问了那么多，又上下审视了半天，但是感觉或者说直觉是很重要的，感觉好，高抬一下手，就会打个好分数，好与坏之间差距可能就是毫厘之间。

三、面试常见问题，见招拆招

面试常见问题一：请做一下自我介绍。你以为面试官是真想听你的自我介绍吗？其实他早已看过你的简历，只是想从你嘴里听到他想要的内容。面试官是想听你胜任这份工作的能力介绍。很多新手在面试时把学校背景、工作经历、兴趣爱好等统统丢给面试官，让人摸不着重点，给面试官留下"这个人很普通"的印象。其实你可以说得很全面，但是重点要突出，特别是你胜任这项工作的能力。所有的面试官都想捡现成的，而不是栽培什么潜力股。

面试常见问题二：你最大的缺点是什么？这种问题不要把优点说成缺点，与岗位核心要求相关的缺点一定不要说。缺点那么多，你害怕找不到吗？我们大多数人都是缺点多于优点的。你可以说，自己比较路痴，也可以说自己比较感性，或者原则性很强，不够圆滑。感性、原则性强都是中性词，可以做贬义词也可以做褒义词。如果你说不够耐心、时间管理不好之类的问题，面试官很可能就没兴趣了。

面试常见问题三：你有什么问题想问我吗？这说明整个面试就要结束了，但是不要掉以轻心，因为最后这个问题可能是你最后的机会。这个问题背后的潜台词是什么呢？那就是：你还想了解一些什么以帮助你更好地留在这个公司。换言之，就是你有多想留在这个公司。如果你说"没有"，那就是自愿放弃这个最后的机会，如果你问了一两个有意思的问题，面试官可能对你印象一下子加深很多。这种问题要根据不同招聘机构、不同场合和不同招聘官而定，我还是留给读者自己思考吧……

留学归国的温迪跟我说过自己的感受：面试有一点格外重要，就是真诚。套路千万种，而关于面试最重要的就是交流的顺畅与走心，尽可能真诚地去与面试官沟通，可以让自己更加自信，还能够更加高效地与面试官互动。温迪也身体力行，在美国期间以真诚态度赢得了实习机会。

在美国面试，大体和中国无异。其实中国目前流行的面试方法大部分来自国外。面试本质上要考察的就是匹配性问题，包括三观的匹配、性格的匹配、能力的匹配、薪资的匹配，所有的考察都围绕着匹配。所有问题背后有两个基本要点：你为什么要选择我们公司？我们公司为什么要选择你？掌握了这两个要素，见招拆招，就从容多了。

CHAPTER 2 第二章

留学的正确打开方式

第五讲　出国留学，选城市还是选国家

以前在我们上大学那个年代，出国留学是随机的，碰到什么算什么。我认识的人中有去马耳他留学的，有去阿尔及利亚留学的，有去南斯拉夫留学的，碰到哪个国家算哪个国家，能出国就行。无论去哪里我们那一代人都会随遇而安，不像现在有那么多的机会供选择。

此外要指出的一个重要区别是，那时候出国留学的机会来自就读学校和单位，所以出国留学决定主要是自己而非父母做出的。出国后大部分人是靠奖学金生活，自费留学的很少。即便是自费留学，也不是依赖父母资助，父母也没钱资助，所以他们的建议仅供参考。现在很多出国留学生，学校由父母帮着选，专业由父母帮着

挑，钱也是他们出，几乎父母包办。

既然选择多了，做决定的人也多了，那么究竟去哪里留学就成了一个复杂问题，首先就得决定究竟是去北美还是西欧，或是南太平洋的澳洲以及新西兰；其次还要选择去哪一个城市。去美国就有东海岸和西海岸之分，去法国就有巴黎和外省区别，那么究竟该做出什么样的选择呢？我觉得在选择之前要回答下面几个问题。

一、出去是为什么

因为这个问题会影响一生，做决定之前还是要慎重考虑留学的目的，然后根据自己的留学目的来选择国家和地区，通常情况下留学目的不外乎以下几种类型：

对于学术型的人来说，无论你读博士，还是先读硕士再读博，学校的专业排名、学术氛围、未来教授的资历都是要慎重考虑的，而且是放在第一位的，无论国家大小，无论位置远近，地域差别在这里权重较少。比如学经济学或者金融学的，如果能拜在诺贝尔经济学奖获得者的名下，或者被提名者名下，那还犹豫什么？名师出高徒，这时其他考量都退居次席，导师的选择就成了第一位的啦！

对于工作型的人来说，如果目标是拿到学位之后在当地找工作，能在当地生活、就业甚至申请绿卡和国籍，那地理位置就很重要。比如，生物统计专业的毕业生从就业角度来看，美国波士顿地区的形势明显要好于洛杉矶，东部好于西部，因为麻省、康州、新泽西有很多药厂，也是大型保险公司云集的地区。如果是有创业精神的学生，则不妨去美国西海岸读书，比如旧金山一带，那里靠近硅谷，是创业者的天堂。至于学计算机的、学习财会的到哪里都用得上，不讲南北，无论东西。

对于镀金型的人来说，如果只想出国待几年见识一下，之后不管怎样都要回国工作，或者子承父业，或者自己创业，反正是看好中国未来的发展，那么国外大学排名就很重要，名校一定是不二的选择。除此之外，地理位置也占很大权重。既然要长知识，就要去一个大的地方，大的国家和大的城市，如果去法国当然是巴黎，如果去美国当然是纽约。

除了上述三种类型之外，其实还有无法归类的一大群人，形形色色：出国留学或者因为家境好从小上的是英语学校、国际学校，打一开始不准备参加高考的人；或者那种预计高考成绩不好，上不了国内一流学校，与其在竞争这么厉害的国内比拼，还不如外出闯荡一番，混一个留学归来的身份的人；再或者父母早就想移民国外，先把孩子送出去……对这些人来说更应该去大地方。这就涉及第二个问题了。

二、出去能做什么

其实除了第一种学术型人才出国留学时目的明确、意志坚定之外，其他类型都带有或多或少的不确定性，想工作的不见得找得到工作，想移民的不见得能移民，那么在这种不确定因素很大的情况下，当然要去大地方了，就是大的国家，大的城市，以便能够"冷眼向洋看世界"。比如纽约是座移民城市，各种肤色的人都有，在那里至少不担心种族歧视。对于英文不好的人来说，那里的中国城问路买东西甚至只说普通话就可以，这种语言上的便利对来探视甚至陪读的母亲来说弥足珍贵。

在一个像纽约、巴黎这种各类资源都十分丰富的城市，你将有机会得到全新的生活体验。这点非常重要，因为大学四年，加上研究生甚至博士几年，恐怕是人生中唯一有可能毫无顾虑做各种尝试的时候。小到日常生活、人际关系，大到实习甚至工作，你会在不同的体验中，发现通识性的东西，形成自己的世界观。这在高速进化的未来社会，更能够帮助你拓展视野，规避风险，抓住机会。因为即使中学阶段目标很明确的人，在之后的人生规划也会发生变化，这些变化来自受教育程度和生活环境。

从这种意义上讲，本科一、二年级同学可以不给自己的大学划分专业，因为在这期间随着你阅历的增长和见识的提高，自我追求也会发生根本性的变化。很多学生都后悔只读了一个大学，或者读了一个专业。好多城市有区域广泛的大学城，在大学城读书会体验不同的大学文化，这关乎今后职业的选择。而大城市更利于择业，就业机会相应更多。

所以，在一定程度上选择城市会让你体验不同的大学文化和当地特色，让你融入一个国家的文化。世界很大，念书是最稳妥的体验方式，选择的不只是知识，还有对未来更好的适应性。最终，可能是你的经历，而不是你的文凭决定了你将成为什么样的人。每个学校有校内资源和校外资源。校内资源大家都懂，校外资源很多人搞不清，因为其虚无缥缈因人而异。作为一个新秀，趁着年轻，你可以去尝试不同的体验，增强你的阅历，让你的人生更加丰富。

我认识有些留学生在纽约就读的虽然是一般性学校，读得辛苦，毕业后工作不好找，最后也没能留下来，但是在学习期间买打折票看过多场百老汇演出，参观过多次大都会博物馆，年年都去各地旅行，在纽约几年看的演出比我在那里工作几年还多，度过了人生中最无忧无虑的时光，多少年之后回想起来都是值得回忆的。而对于爱吃的同学们，纽约则有各种别具异国情调的街角咖啡馆，以及中国城里的各色美味，毕竟城市是一个文化的象征。如果同样在美国生活多年，只是猫在小地方苦读了多年书又没多少人生阅历，那就太可惜了。

如果说出国留学目的就是给自己未来寻求一份薪酬优厚的工作以及一个不错的社会地位，那么这些潜在工作往往都存在于大城市中。地理位置偏僻的学校很难拥有大城市的机会和氛围，所以不少生活在北京、上海的留学生一旦到了国外，失去了大都市的繁华，戏称自己是在村子里。连买个日常用品都得约车结伴而行，不便由此而生，孤独自此伴随。如果地处偏远，实习在未来更为难找，那样的话只能选择放弃部分实习机会。

换成纽约，即便找不到实习机会，至少还可以乘坐地铁去中餐馆打工。城市大不仅机会多，公共交通也发达，有地铁和没有地铁的差距很大。比如在纽约，你可以学习到凌晨，也可以外出做客甚至玩到深夜回家，不必担心没有交通工具。而在小城市，只有叫出租车，那代价就会很大。

实际上，我看到不少子女被父母送出国留学后，在当地吃喝玩乐又没人管教都挺开心的。但我还是要说：吃喝玩乐要有节制，同时要抓住机会，即便是没有任何报酬的机会。这就是要谈的第三个问题。

三、出去要抓住什么机会

一个实际的例子就是几年前纽约朋友闻迎问我有没有留学生推荐给他帮忙做点小事，我马上推荐一个刚到纽约的学生晶莹。当然我当时没有将闻迎这个朋友背景告诉给这个年轻学生，让她自己考虑。人生中不言而喻的事情太多，也会经常面对两难选择，这时候考验的常常不是智商，而是情商。

纽约朋友闻迎也很矜持，光让我帮忙找实习生，并没说之后的报酬和以后的前景。结果被推荐的学生以课程压力大、时间不够为由推辞了这份工作，或者说报酬不明确的"义务劳动"吧，这在学习期间是经常会发生的事。两年后晶莹同学即将从财会专业毕业，离校前急着找实习单位以便延续美国签证，于是再度请我帮忙找个地方。

我再度推荐给朋友闻迎，因为他们家里人就是纽约一个中型会计事务所的合伙人，安排一个实习生易如反掌，也经常让当地学生来事务所实习。但是这次人家反应冷淡，可能还记得两年前的事，没有给我这个面子。虽然是好朋友，我也没有再坚持，毕竟每个人都有自己的想法和行为方式，大家心知肚明，我只能为晶莹同学惋惜。我给过机会，两年前推荐时已经考虑过她学的是财务专业，最适合去会计事务所，她却没有抓住。

其实，情商高的人会采用折中办法，虽然明知道没什么钱可赚，但想着自己年轻有时间，就当帮人一个忙，无论怎样先干几天，之后实在没时间或者没兴趣再找借口离开就是。如果知道感恩的话，则无论如何不会说不。只是现在不少年轻人缺乏感恩之心，需要帮助时向前，应该回报时退后。

事实上，每个人一生都会有不同的机会，每个人都有自己的命运。在异国他乡尤其要珍惜每一次推荐，把握每一个偶然，甚至将看上去不是机会的变成机会。

除了给一些国内名牌大学的学生去美国留学写推荐信之外，我也介绍过多个成绩一般的中国学生去（在国内）名不见经传的纽约的大学，比如纽约下城波洛克大学，虽然只是个城市大学，但是却拥有一些名牌大学无可比拟的资源，因为它和纽约金融中心比邻，从华尔街步行过来也不过二十分钟，所以不少美国金融机构的研究人员愿意在这里兼职教书。

这些兼职教师可能只是晚上来上课，他们不仅具有实操经验，背后可能都有大量的实习机会。尽管纽约市拥有哥伦比亚大学和纽约大学这些国际排名很高的学校，但是这座城市由于规模大，容量也大，所以像波洛克大学这类国际排名不高、不是很出名的小型大学还是很为当地公司看重的。

美国公司招人的时候也会先从本地开始，会在当地的学校发布很多实习和工作的职位。招聘会也会首先选择离公司近的一些学校，因为他们对这些学校的教学水平、学生素质都很了解，而且和这些学校的学生也有很多的交流机会。近水楼台先得月，这个道理在哪里都通用。

说到美国人招聘还有个实际案例挺说明问题。

我们可能都以为像纽约这样世界知名的大城市，企业人力资源经理肯定阅人无数，也非常国际化。其实不然，招聘经理知识有限的例子很多，当年在纽约工作时，曾经有位法国著名学府的毕业生在纽约找工作时投简历，来我们办公室面谈了一下，忍不住和我说起在纽约的辛酸经历。那些对她简历感兴趣的美国公司人力资源招聘者不懂法语也就罢了，竟然还分不清楚法国最好的工科院校和普通大学的区别，还以为她上的仅仅是高中！我当然为她的落选表示遗憾，这就涉及下面第四点的问题——用哪种外语学习？

四、出去要找哪个语境

出国留学选国家还是选城市这个问题还有一个关键就是语言障碍，这对任何一个中国人都是个障碍，尤其是去非英语国家。

改革开放后出国留学一直是人们津津乐道的话题，一批批青年学子像潮水一样，后浪推前浪地涌往国外。在这个浪潮初期，人们对于留学国家没有多少选择，对语言就更无法选择了，去哪个国家就得学哪种语言。这意味着，在学习新知识的同时，或者说留学前，他们必须过语言这一关。而一个国家的语言往往比一个学科更难，那么就得想好是不是一定要冒这个双重难度的风险，那个国家的语言值不值得花费毕生精力学习？

当然，如果是语言专业的，又有这个兴趣，或者学习一种外语不感到吃力，属于有语言天分的那种人就没有问题。因为任何语言学都值得花费毕生精力。语言这种知识不像游泳和骑自行车这些物理技能，一旦会了就受用终生。比如，即使你十年一直住在山区没有下过水，一旦掉到湖中仍然会自动浮出水面，不会溺水。语言却不同，属于那种逆水行舟不进则退的技能。精通一种语言却不经常使用，识文断字能力就会下降，先从写作能力开始，接着是说话能力，之后是听力，最后可能学过的全忘记了。不仅是后来学的外语，即便与生俱来的母语都会出现这种问题。我在法国长期生活，天天用法语写报告、与人对话交流。多年后发现竟然中文退步，提笔忘字，于是加强了汉语的写作，看中文图书，用中文写长篇文章，才逐渐恢复了汉语听说读写的能力。

所以我经常会和年轻人说，多花精力学习自然科学和社会科学知识，而不是费时耗力攻读某些语言，尤其是那些小语种。对一个中国人来说，首先要讲好自己的母语，其次学好英文。除了中文之外，只学好英文就行了，而且英文能学多好就学多好，至于其他的外语，就不必花费太多时间，除非你住在当地，不会当地语言不方便。

这意味着，出国留学还是要以英语国家为主，当然最好是美国，地方大，移民多，科技发达，关键是那里华人成功人士多，意味着成功概率就大。

至于法国、德国、意大利、西班牙这些曾经的世界老牌强国，在国内仍然算作小语种国家，即便选择去这些国家留学，不得不付出相当多的精力学习当地语言和了解风土人情，也要同时保持好英语水平，毕竟后者才是一生都要用的语言。有人可能认为"技不压身"，多学一种外语就多一条出路，只是不要忘了，多学一门外语也就意味着多背一个包袱，这个包袱往往很沉重，除非你有很大兴趣，学起来不费力气，或者就是个语言天才。

其实中文才是世界上使用人口最多的语言，英文则是使用国家最多的。作为一个中国学生，学好这两种语言就够了，能学多好就学多好。

出国留学选择城市还是选择国家，我倒是觉得，对于学业中等又没有特定需求的留学生来说，选择学校有时就像买房子一样，地点这个权重可能最大。当然，如果你具有冲击常春藤学校的实力，即便是去达特茅斯这类在深山老林里的隐蔽性大学，依然会受到青睐。世界银行的前任行长在多年前就是这所大学的校长，是金子总是会发光的。

评论语

留学美国的芸豆同学看了我这篇文章后指出：也许还有第五点，当我们考虑了所有角度还是无法选择出一个地点的时候，不妨顺其自然，试着用最简单的方式来一场大胆的选择，就选自己感觉最好的那个，因为一切都是未知的，让自己更加有勇气开启这场冒险之旅，在过程中去感知一切吧。

第六讲　出国留学，选学校还是选专业

出国留学选择哪一所学校常常让家长与学生头疼，学校排名已经让人纠结，再加上专业排名、教学质量、学术氛围、生源结构、奖学金方案等，那么多考量确实让人一时理不出头绪。当今社会年轻人出国留学的情况越来越多，许多人在综合排名和专业排名之间徘徊，最后往往选择了不太满意的学校，既影响了学习效果，也影响了就业前景；一些人为名声所累，虽然考分并不高，但仍然片面地追求学校的综合名声，选择了名校中并不怎么样的专业，结果在就业生涯中被人诟病。实际上，学校的综合名声和专业名气是一枚硬币的两面，每种选择都有道理，关键得适合自己才行，当然能同时适合市场最好。

一、名牌大学看排名

如果是顶级院校，当然要看大学排名，因为大学排名是最直截了当的对比方式，尤其是对那些留学后准备回国工作的学生。想象一下，即便国内大型企业中人事经理，对哈佛、耶鲁这样的学校哪些专业排名靠前也不见得清楚，但是他们可能一听到哈佛、耶鲁就眼睛一亮。虽然说美国大学与中国大学一样，大学排名只是说明了学校的总体规模和综合实力，并不意味着学校的每个专业都是出类

拔萃的，即便顶级名校也有许多专业不如人意。而一些并不出名的学校，也有实力超群的专业，其品牌专业在当地就业市场上尤其受欢迎。

但名校毕竟是名校，其总体实力和综合声望对毕业学生的就业存在许多无形的帮助，通过百年历史的沉淀，已经深入人心，家喻户晓，如美国的哈佛、耶鲁、斯坦福、普林斯顿、麻省理工、哥伦比亚这一类无论在哪个国家说起来都是响当当的名校。所以不管是商业的还是非商业的排行，都会把这些学校排在比较高的位置。其学校毕业的学生在世界各地都拥有很高的信誉度，他们的毕业证就是一张镀金门票。

在这个意义上讲，大学排名以及其背后综合优势当然非常重要，甚至是最重要的考量，在国内也是如此。几年前有朋友让我替其成绩优秀的儿子做选择，究竟上北大还是港大，因为儿子获得了两个学校的offer，前者提供自主招生加分，而后者提供丰厚奖学金。问清其儿子情况后，我建议他去北大。为什么？我跟他讲，香港虽然是个不错的地方，港大也是个优秀院校，国际排名很高，其同学中可能会出很多商业领袖，但是北大位于中国的政治文化中心，其同学中不仅会出未来的商业领袖、学业泰斗，还可能出政界领袖、文化界领袖、科学界领袖等，如果未来想在中国内地发展，他难道不想和这些未来领袖同窗？——他儿子后来放弃了港大奖学金，选择了北大。

如果说选校比选专业更为重要，是因为学生获取知识的方式已经发生变化，大学不仅仅是学习知识的地方，还是价值塑造、能力培养、社会交往的主要场所。无论哪个专业，知识的传授只是一个方面，掌握知识的方法才更为重要，古人云"授人以鱼，不如授人以渔"就是这个道理。以我们过来人的眼光，大学四年中专业课是重要的，其他学科综合知识也很重要，比如在北大，令我印象深刻的是本科期间有那么多专家学者的讲座，比如外交部的、社科院的、各大专业机构的专家学者给我们带来的是世界最前沿的东西，而且是一线人员的感受。在没有互联网、大家只能从书本上获得知识的时代，这些最让人兴奋。这是一个受地域限制、规模限制的大学无法比拟的。而且，我们文理之间跨学科的交流，不同思想之间的碰撞，都是在全国最优秀的学子之间……所以，选择一个大学也是在选择一种相似的价值观、一种相近的文化、一种相同的精神。

二、一般大学看专业

专业选择也是重要的，有人指向明确、意志坚定、立志献身某一个学术领域、某一个学科方向，比如非法律不读，非金融不上，那就不仅得看学校排名，还要看专业排名了。如果申请的是一般性大学，许多人都没听说过的大学，那还真要重视一下专业排名。

虽然存在名校效应，学生及其父母把学校排名作为参考点这无可厚非，但是应该结合毕业后的打算去择校择专业。因为各国对学校排名的参考要素是有区别的，学校排名可以作为重要指标，也应该看重专业对未来就业的帮助。国外有很多大学的综合排名并不高,但学校的个别专业却在就业时有着无可比拟的优势,比如华盛顿大学西雅图分校的学校排名并不高,但该校有波音公司的赞助,有关航天航空方面的专业,学生的就业情况要远远好于其他同类专业的学校。The Economist 曾做过一个关于美国大学选择与回报的调查研究。大数据表明:从未来的收入水平来看,"学什么专业",比"在哪里学"更重要。STEM(Science, Technology, Engineering, Mathematics)类专业依然炙手可热。

这个结论似乎颠覆了我们的观念,但仍然说明了问题。那就是在我们国人更偏重大学排名时,西方人也重视专业排名,在某种程度上甚至更重视。双方都有道理,就像我们这一讲开头所说一枚硬币的两面一样。专业的选择至关重要,因为今天选择的专业很可能决定了明天的职业规划。那么如何应对呢?当我们犹豫不决时,如果决定出国是镀金,最终还是要回国工作的话,就以大学排名为主,因为国内大部分人事经理可能只认学校;如果决定留在美国继续深造或者工作的话,那就以专业排名为主,因为美国人力资源经理比国内更重视专业排名。如果弄反了,那结局就适得其反。

三、出现冲突怎么办

留学选择中大学排名和专业排名之间经常出现冲突。前面说的名牌大学看排名,一般大学看专业是一种笼统的说法。即便名牌大学也有顶级和非顶级区别,比如说美国的八所常春藤学校,如果能上哈佛,我可能什么专业都能接受。但如果只能在达特茅斯和布朗大学中选择，我就可能更重视专业，以及地理位置。为什么？因为哈佛的名气即便国内企业最无知的人事经理也知道，而且哈佛校友会遍布全球，顶着这光环会荣耀一辈子。这就跟在国内上北大、清华一样，如果是复旦大学或者南开大学我就不会那么不顾一切了。

但是决定在美国工作，或者决定回国在大学或者研究机构当一名学者，那专业选择就是个重要的考量。因为美国人力资源经理了解各大学专业排名，也知道哈佛最优秀的学子是他们的本科生，而不是硕士、博士，更不是那些EMBA和短训班的，这跟中国企业人事经理都知道清华、北大最优秀的是本科生一样。而且，国内大专院校和研究机构是重视专业排名的，也越来越国际化，所以如果要回国走学术道路的话，专业排名不容忽视。

总结一下：走学术路线的人，会重点看学校排名；走职业路线的人，往往同时考虑学校所在的城市。学校综合排名或专业排名，通常体现的是学校的学术研究能力。目前只有少数排行榜，会专门按照学校的就业率来排名。所以，立志走学术路线的，可以参考学校综合排名，看看学校的研究实力、学术成就等。

从另一个角度说，如果你考试成绩和简历背景都很好，就拥有很多选择权，既选择学校的综合排名也选择学校的专业排名；反之考分不是很好又只能上一般学校的话，则应该选择以专业排名为主，结合地理位置，兼顾学校的综合排名。或者更直白地说（形象化但并不确切），排名十几名之前的学校主要看排名，因为它的总体声望对你未来在当地就业和回国工作影响都比较明显；排名几十名以后的学校主要看专业，在这些学校就读其特长专业将明显影响你的就业生涯（尤其是在美国）；至于两者之间的学校则可以兼顾名声和专业特长，因为它们是一些对家长来说不查不知道，查一下才发现是个国际上或至少在当地名声大噪的学校。只是我们自己不知道，国内人力资源经理不知道而已。

评论语

其实排名经常会变化。比如黄颖同学本科的学校在她入学时排名并不高，然而在她毕业两年后开始工作之际自己的学校排名却节节攀升，为她带来了不少的好处。另一位同学青青就没那么幸运，她学校的排名在毕业开始工作之际相比入学时滑落不少，影响了之后的选择。可见参考排名的百分比需要大家斟酌，真正了解自己的专业课程设置与学校各方面条件与配置也是需要投入些时间、精力的。

第七讲　出国留学，选冷门还是选热门

在热门或者冷门专业选择时如何结合自己的实际情况？因为无论家长还是学生本人都有把专业分为这两大类的习惯，都想拥到热门专业，都想避开冷门专业。这都无可厚非，但实际情况是，在入学期间可能大部分学生都没想好究竟要学什么，上了学以后才会更明确。此外人类本身适应性很强，可以从事很多领域的工作，可能干上一行才知道自己喜欢不喜欢，也完全有可能干一行爱一行。再说了，风水轮流转，三十年河东，三十年河西，一个热门专业可能过几年就成了冷门，而冷门专业却可能变成热门。

一、从兴趣出发

冷门和热门一直是挥之不去的话题，有的家长替成绩一般的子女选择冷门专业也是有不为人知的考量。其实有冷门专业也有冷门国家，多年前英国是个留学热门国家，现在不那么热门了。美国一直是个热门国家。至于西欧重要的大国法国对留学生来说则一直是不冷不热的国家。加拿大呢？更让人纠结：生活好，环境好，就是工作不容易找。

至于冷门专业，那就更多了。不过，准备出国留学的，最好先考虑一下自己喜欢什么，在哪方面有哪些潜力，为什么要选择某个

专业，比如选商科，要先问自己是不是真的喜欢商科，对这门专业究竟有多深的了解，具体课程内容自己是否感兴趣。再比如，金融是多年来的热门专业，学生要先确定自己对数学有兴趣而且一直成绩不错才好报名。如果成绩一般但仍然喜欢和数字打交道，精于计算的话还可以选择会计，选择统计，这些专业虽然没有金融那么热门，但都是长久不衰的。尤其是统计，在大数据兴起后这门曾经报考人少的专业将会越来越热。学生应根据专业特长和兴趣爱好，选择自己较容易发挥和把握的专业，这样可以学得比较轻松且获得成功的概率较大。

如果选了个冷门专业，又担心未来的话，那尽早选个双学士的课程。比如北大外语学院阿拉伯语是个小语种，算是冷门，但是入学的学生都知道上学期间把英语学好，不少人又学了经济学双学位，这样他们走上工作岗位时就有了更多的选择。如果想进外交部就呈现自己阿拉伯语的成绩和实习经历，如果选择金融企业就多写经济领域的经历。来我们公司实习的就有这样的学生。后来她告诉我，他们阿拉伯语整班毕业生中没有一个人出校后从事阿拉伯语专业工作，但都有不错的工作。有时候冷门是真的冷，长期的冷，阿拉伯世界很大，但是其语言在华就是个小语种，就是个冷门专业，在小众市场中也很难脱颖而出，但是聪明的人知道如何避开，而不是硬碰硬。

选择专业当然要考虑将来的就业，根据当今社会发展和行业调整的趋势，就业市场紧缺的专业就是热门专业。但是，有时候专业冷热变化很快，一旦有新兴行业和紧缺专业出现，大家都会蜂拥而至，而从选择专业到毕业还有几年时间，这段时间冷热顺序可能发生变化。此外，也要考虑是在国内还是国外就业。有些专业不适合在国外就业，如法律专业的内容国内外差距大，和医学行业都是门槛高，行业壁垒严重，而且在美国这个律师过剩的地区，只有上排名靠前的法学院才有就业把握。

二、从实际出发

如果举棋不定，可以找那些不要求学生在申请时就确定专业的国外院校，比如像达特茅斯这种通识性大学，入学后逐步确定自己真实喜好，并最终确定专业。有的专业即使确定了，学习途中也可以申请转换，只是申请节点不要太晚，前后两个专业的差距也不要太大。不少人成绩一般，还没认真思考过热门专业是否适合就人云亦云地贸然申请，结果在激烈的竞争中总是收不到录取通知。还有人就读之后发现不是自己的兴趣所在，越学越没劲只好多次换专业，不仅耽误时间，也浪费金钱。

当学校的档次差不多，但地域不同时，该如何选择？这时候仅看排名是不够的，倒是可以按照你的职业梦想来倒推，如果有这种梦想且比较坚定的话。假如你已对某个行业产生兴趣，有比较强的好奇心，就可以看看这个行业领军的公司究竟在哪些城市有实习项目。一般大公司都有专门的实习生招聘页面，很容易查到往年的实习项目所在地。如果选择的学校离这些城市不远甚至就在其中的城市的话就比较理想。首先节约时间和金钱成本，其次也便于获得信息。因为企业出于节约成本考虑，不会每所学校都去做宣传。你的学校如果不在项目所在地，很多时候根本无法得到信息。现实中，许多人获得成功除了自身的努力之外，更重要是因为他们离核心信息和资源更近一点，所以机会多一些。此外，多听听过来人的意见，他们的经验和教训能让你少走不少弯路。

多年前精算专业是一个冷门专业，很多人不知道有这样的课程设置，也没有想到报考。精算师是分析风险并量化其财务影响的专门人员。他们综合运用数学、统计学、经济学、金融学及财务管理等方面的专业知识及技能，在保险、金融及其他领域中，分析、评估不确定的现金流对未来财务状况的影响。形象地说，我们购买的保单，或者保险公司推销的保单都经过精算师之手，最后都是保险公司赚钱。实际上在外国保险公司没大规模进入中国之前，我敢说绝大多数中国人，包括受过大学教育的中国人不知道或者想不起来这个专业。直到今天，精算也是个金融行业中的小专业。但是现在越来越多的留学生选择了这个专业。

几年前当精算还不为人知的时候，朋友晓慧的孩子在我的建议下认真研究了这个专业，最后上了纽约州一个小学校的精算专业，那个学校名字我根本就没听说过，是个州立大学，具体地理位置我都忘了，但是其精算专业是全美最好之一，那孩子几年后毕业工作根本不愁，在华尔街某个保险公司干腻了想回大学深造，估计他如愿以偿进了芝加哥大学的商学院。而当时如果他追求热门学个不适合自己的专业的话就不会有这么好的结果。

三、冷门可能变成热门

哲学和心理学在国内长期以来是冷门专业，但是在改革开放前哲学可是热门的，那个时候人人学哲学，人人谈论哲学。改革开放后国人越来越看重物质水平，就都奔着经济和金融领域去了。三十年河东三十年河西，这几年中国心理咨询的市场突然火了起来，因为现代社会患有抑郁症这种心理疾病的太多了，家庭问题太多了，心理咨询的女性市场还异常火爆，而那些学哲学的都具备心理学的知识，心理学与哲学存在一些交叉，心灵哲学的很多问题也是认知心理学的问题。其实在历史上，心理学脱胎于哲学，转行是容易的，而且这些学哲学的人转行做心理咨询还更让人敬畏，因为他们掌握高深莫测的理论，能举出古今中外的例证。

美国投资大师索罗斯是学哲学的，他自己更希望被称为哲学家，而不是金融大鳄。历史上就有哲学家甘于清贫，之后想出来赚钱就赚得一鸣惊人，他只是不屑于此而已。罗斯柴尔德现任掌门人来华时对北大、清华慕名而来听讲的学子说过，你们都奔着金融专业去的，而他自己儿子是学哲学的，因为他喜欢这个专业，喜欢就好。

数学曾经是冷门专业，尤其是纯数学，但是金融市场量化分析兴起之后，这些数学头脑就大派用场，很多人成就了事业，赚了大钱。未来将大行其道的大数据行业也需要坚实的数学功底，特别是需要善于数理统计，熟悉计算机算法的原理及逻辑结构，精通统计学、数据挖掘技术。

这类冷门变热门的例子不胜枚举，比如运动医学是一门将医学与体育运动相结合的综合性应用科学。研究与体育运动有关的医学问题，运用医学的知识和技术对体育运动参加者进行医学监督和指导，从而使运动者达到防治伤病、保障健康、增强体质和提高运动成绩的目的。这些专业人才在国内需求量较大，如运动心理学、运动医学、康复医疗等。除此之外，环境保护和修复行业的学科也很有前景。

还可以从另一个角度说明哪些会是热门专业，有一位从美国回来的投资人说过自己未来想在国内投资的领域集中在三块：医疗、教育和金融。这个观点可以供大家留学时参考。

案例分享

家辉的例子则是另一种，他本身是北大硕博连读毕业，去美国已经是博士身份，却选择在旧金山附近的斯坦福读个两年的金融硕士，这个课程不仅需要金融知识还需要数学好，以及扎实的统计学基础，因为研究的是金融领域的相关性。这个课程入门严格，费用高昂，但他就读的专业上学前排名就非常靠前，两年毕业后专业排名上升到第一位，结果所有同学都提前被著名金融机构网罗过去，高薪聘请。这在美国前总统特朗普上台缩紧移民工作配额的时代非常另类，就是因为他之前调研工作做得好，选择了一个非常有前景的专业。

第八讲　出国留学，从上飞机说起

上一讲给大家讲了出国留学时在国家和地区、学校和专业、冷门和热门之间如何做出恰如其分的选择。如果你选好了，万事俱备，准备漂洋过海、去心仪学校留学的时候，就要开始各种行为习惯的学习，从一上飞机就要学起。像上下飞机、占空座位、处理纠纷这样看上去平常的小事，其实都有很多要学习的地方。

一、排队是一种礼节

一个国家发达不发达的重要标志就是看其普通百姓的国民素质。一个国家是否受到世人尊重不仅取决于上层人士，更取决于普通百姓，就像一个木桶盛水量不取决于最长的那块板子而取决于最短的那块板子一样。一个素质不高的民族即便再有钱也会遭到鄙视，一个缺乏教养的人无论在哪里都会遭到白眼。

以乘坐国际航班为例：

首先，上飞机切忌"冲刺脚"，就是一听到广播登机就快步走向柜台，甚至一路小跑，以便在其他乘客还没反应过来之前抢占有利位置的那种行为。这看似不妨碍别人，但是会给人留下不好印象。因为坐在后排、位置更靠后那些人显然应该在前面较先进入。而且那些收拾东西较慢的妇女、儿童理所当然被让行，其中有行动迟缓的孕妇的话更应该如此。此外，在候机厅快步和小跑都会引起骚乱，而美国人特别喜欢说take it easy，在这里就是"慢慢来，别着急"的意思。

其次，下飞机前还要切忌"弹簧腿"，这指的是飞机刚停稳就匆忙站起打开头上行李门，腿上如有弹簧一般，之后就那样立着像瞪羚一样焦急地注视前方，一直站到舱门开启乘客下机那种行为。这些人虽然没有物理上影响到别人，看上去却不雅，平白无故给人造成紧张感。另外，突兀站着一排人使本来狭小的飞机内舱空间显得更拥挤。要知道下机和登机一样都有先来后到，前面人理应先走，抢上抢下妨碍别人不说，即便比别人先下了飞机，完全可能还得在摆渡车里等候，或者在行李转盘那里等候。在哪里等都是等，既然如此，何必争那几步距离，让守规矩的乘客侧目。

二、占位是一个技巧

一些长途飞行的人还喜欢抢位置，自己座位不坐，去占其他空座位，甚至自己占一排躺着睡。当然如果飞机后舱空出一大片的话，平时规矩的西方人有时也会去蹭座，也会占一排。但是他们会察言观色，事先预估自己的行为不会影响到别人。这点很重要，因为一个人的自由是以另一个人的自由为界限的。在这种情况下，空乘人员常常会表示理解，容忍甚至配合。如果后面空出很多，他们甚至鼓励乘客移位过去，以保持飞机飞行期间前后重量差不多，这样才能飞得稳而安全。

但是如果空余位置不多，又被空乘人员贴上标志是机组成员专用的话，即使长时间空着也不能占据。因为在飞机上是他们说了算，作为乘客不要和他们争执，可以提出要求，任何合理要求都可以，甚至让他们帮忙调座位。比如说是夫妻或者情侣，希望坐在一起。这会被机组成员理解，因为对西方人来说，没有什么比十几小时长途飞行中将一对夫妻或情侣生生分开更让人难以接受的了。甚至说和父母坐在一起都没有这个更有说服力。被要求让座的乘客如果不配合，可能会有小麻烦。

有一次我就碰到过，那次是在加拿大航班上，我被漂亮空姐要求腾出位置让给一对被分开的加拿大夫妇。我礼貌拒绝了，结果飞机没按时起飞，我却被请到驾驶室。那位帅气白人机长坐在满是仪表的方向盘前友好地和我握手，让我参观驾驶室各种设备，之后好像不经意之间问我是不是和空姐有点争执，我解释自己右腿有静脉曲张的毛病，坐飞机长途旅行会发胀发沉，因此每次我都要坐在右腿靠走道的位置，那是我专门预定的，所以不想调换。

他听后非常理解，很客气地说：你就坐在那里，没人再会要求你换位置了。之后我知道，乘务员还是找了其他乘客换了位置，让那对夫妇坐在一起。在他们看来，夫妻甚至情侣是一种很神圣的关系，优于友情，甚至优于亲情，假如你说想坐在年迈父亲身旁都不见得这样被关照，拆散他们是不人道的，尽管只是一段时间不太久的旅途。

进一步讲，如果我没有恰如其分的理由仍然不让座，那后果可能有点严重。比如我说想坐在过道去厕所方便而又没有身体上的毛病的话，他们会觉得你不听指挥，至少不够礼貌，那就等于记过一次，如果再有什么事对你肯定不客气。

飞机是个封闭的空间，空乘有见机行事的权利，而机长则有至高无上的权威，不容挑战。他们很少跟乘客提出额外要求，但是一旦提出，你还真得认真对待。在美国航班上，被赶下飞机的人越来越多，他们甚至在飞行途中可以不惜代价降落在一个不知名的机场，将扰乱秩序的人丢下，再重新起飞继续下一段航程。

三、解忧是一次锤炼

飞机上乘客打架的事时有发生，经常为了放行李等小事，被西方航空公司尤其是美国航空公司惩治的例子也越来越多。所以懂得排忧解难就很重要，尤其是受到不明不白的侵犯时。这里车老师要提及的就是切忌"螃蟹坐"。"螃蟹坐"指在飞机上像在家里一样坐下后将双腿岔开至两边，再将双肘支在扶手上，尤其是成年男性。如果你注意看一下，他们不仅双腿越界，双肘完全霸占了两边扶手，让你空间顿时缩小不少不说，他们还能在飞行途中一直保持这种姿势。

一些人对此习以为常，不觉得已经妨碍了别人，上飞机跟在家里一样随便。我就多次提醒过飞机上的邻座男子不要太越界，因为不想被侵入属于自己的空间。在这点上国内绝大部分女生还是表现不错，所以我乘坐飞机就期待邻座是位女生，不至于产生纠纷。

在美国南部海滨城市新奥尔良有一个排名不错的杜兰大学，招了很多中国留学生，在开学季自北京、上海飞过去，经达拉斯转机的中国留学生能汇集成几十人甚至上百人团队，差不多成了中国人包机了，浩浩荡荡赶赴新奥尔良。尽管旅途中始终和中国人在一起，但是却应该遵守美国人的习惯，因为你已经在美国飞机上，已经进入美国领土，等候你的是美国的条例和法制，以及秉公执法、面无笑容的移民官和警察。

美国执法严格，大多数移民官和警察执行公务时铁面无私，六亲不认。留学生尤其要注意言行，因为你在外可能代表一个国家的形象。在国内如果没人管你的话，在国外舆论会管，国外的警察会管，周围的人和身边的乘客可能都会管，像大型客机这样的飞行器从法理上说是一个国家领土的自然延伸，它飞到哪里，其主权就延伸到哪里。他们的主权跟使馆类似，大家都知道外国使馆是不能随便进入的，比如三里屯的外国使馆，不仅有厚厚的围墙、层层铁丝网，还有武警为其站岗，在使馆内是他们说了算。在飞机上则是机长说了算，你最好予以配合。

案例分享

当航班被取消时，一个初来乍到的女留学生会如何表现呢？这里我有一个芸豆同学讲的经历：

在纽约州飞往洛杉矶的登机口，我被告知自己的航班取消了，需要第二天才能飞行。心里正盘算着赶快到达洛杉矶与朋友一起去吃杨枝甘露的我非常失落，加之在外的孤独感与突发事情的无力感,竟然矫情地在机场默默流泪起来。谁知这样的一幕被来处理航班取消的工作人员看到,因此特意交代其他工作人员,"这位年轻女士非常的敏感(sensitive),可能需要更加周到细心的服务"。

最后我莫名其妙地被安排到了当晚的一间套房,和第二天一早的头等舱座位以及特殊鸡尾酒与冰激凌的免费服务。这件事情的确缓解了我当时低落的心情,甚至当初让我小窃喜了一把。但此刻回想到这场经历,我深刻地感受到了自己内心的不强大以及不成熟与自私的表现。这样的表现不仅仅占用了过多的资源,更占用了多位工作人员的时间,甚至有可能为"中国女留学生"贴上"sensitive"的标签。

第九讲　出国留学，从入海关说起

本讲给大家分享一下入美国海关的问题。这个问题不大不小，小到如同家常便饭，大到进不了美国，从海关直接被驱离，直接坐下一班飞机自费返回国内。因为不知道美国人的习惯，类似事例已经发生很多起。在这个问题上有一点要事先告诉大家，就是美国是极少数（如果不是唯一的话）发给你签证却可能拒绝你入境的西方大国，这是美国人经常前后不一致的最明显体现，不过他们会事先说明，"别说事先没告诉你"，签证时材料中就写着这一点，所以一旦"中枪"的话只好哑巴吃黄连。那么如何准备过美国海关呢？

一、轻松携带物品

不仅出国留学，甚至短期访问都要做长期打算。

行李重量和件数是受限的，那么就要合理携带个人学习用品尤其是生活用品，大到电子设备，小到针线包都要考虑到，否则一到目的地开始生活时发现缺这少那，一项项在当地买就会发现很贵，而且有的还买不到，比如针线包，比如中国佐料。这往往不是钱的问题，而是智慧和知识的问题，有人以为在西方国家有钱什么都不在话下，结果到了以后发现不是那么回事，哭都来不及。于是，个性化地打包装箱，满足在当地长期和短期结合的需求，又避免携带美国人很忌讳的违禁品就非常重要。

从学习用品来说，不要携带外国教材复印件，因为可以被视为侵权，国内这种事很多，无论学校还是培训机构，买不到正品或者嫌正品贵就影印下来发给学生，这都是侵犯知识产权的行为，在美国海关被查出来轻则没收，重则处罚，此外还会遭到鄙视，让你颜面尽失。

至于生活用品，尤其是吃的则更需小心。美国海关及边境保护局（CBP）有时会举办旅游安全记者会，展示他们收缴的外国人携带入境的违禁品，除了燕窝、鹿鞭、种子等这种大家熟知的物品不能带入美国之外，还有各种水果、肉类，中国人喜欢吃的牛肉干则是美国边检重点查处的，不少有经验的美国白人海关人员都会说"牛肉干"这几个字。

中国公民尤其需要注意不要携带含肉和蛋的月饼、粽子及腊肉、熏肉、腌肉、香肠、肉松、肉干、火腿等肉制品入境。美国人的规定有时莫名其妙，比如不准带肉食包括熟食，但是煮熟的鸡肉却能允许。此外墨西哥生产的猪肉制品可以少量带入，加拿大水果有些也可以带入，外表光鲜的苹果可以，有破损的苹果就不行。

此外，只有在美国能合法开具的处方药，才能被进口作个人用途，从中国或其他国家购买的处方药物不准入境，包括麻醉精神类药物、镇静剂、安眠药、兴奋剂、抗抑郁剂等药物，当然如果你有这方面的毛病，离不开药的话，可以携带翻译成英文的医生证明，那么少量的应急药可能获得允许。

二、仔细消除隐患

除了上述物品外，还要特别注意自媒体或社交媒体的问题。在反恐旗帜下，美国在全世界范围内率先进行虚拟媒体的言论管制。美国国务院甚至向白官建议，要求以后申请美国签证的外国人必须出示连续五年的社交媒体记录。

十几年来，博客、微博、微信等自媒体在虚拟网络中的广泛传播，不仅改变了信息的扩散方式，给档案管理带来了新的挑战，也构成了新的安全隐患。美国各联邦机构纷纷实施各种应对社交媒体策略，将其信息捕获归档，并和安全机构分享。

2018年后，美国海关对入境旅客的电子产品的检查力度大幅增加。之前，他们对入境者行李进行例行检查，今后，他们还会进一步检查你的电脑、手机等电子设备，并要求你提供密码。在他们面前，你几乎没有任何隐私。拥有美国籍的人，如果拒绝解锁，等待你的可能就是设备被扣押。如果是外国人，则可能被直接遣返。

不久前就有华人遭遇海关检查时因微信表情包涉黄，收藏了"裸女跳舞"的动画被遣返。还有的中国留学生微信中说自己不喜欢"美国某个学校，只是临时挂一下身份"被移民官看到而被遣返。这种名义和实际身份不符的所谓挂靠碰到较真的美国人就会觉得你有欺诈嫌疑，至少留学目的不纯。

以后入境美国查手机和电脑可能会成为常态，提前清理掉你电子产品内存储的敏感文件和资料就很有必要。任何可能被认定为涉及儿童色情的影像及照片都不要携带。无论留学生还是成年人，栽在这事上的华人近年来开始多起来，就像多年前那部反映中美文化冲突的电影《刮痧》描述的一样，刮痧后背部青一块紫一块的孩子会被美国人认定是遭到家庭暴力。自己孩子的裸照也不可以存放在电子设备里，因为可能被算作儿童色情，那可是非常严重的罪名。

还要记住的是过边境检查期间不能给美国移民官以撒谎的印象，原则就是问什么答什么，不问什么就不答什么，要什么给什么，但也不主动出示什么资料，一定不要提示他们，否则带出的问题越来越多。在他们面前少说为佳，除了简要回答问题之外，"沉默是金"可以用在这个场合。

三、从容接受盘问

事实上，几乎所有西方国家出入境边检官员都拥有超过普通警察很多的权力，他们都可以在没有搜索令的情况下检查你的行李。美国移民官员更为霸道，在2001年9月11日恐怖袭击之后，整个美国社会风声鹤唳，他们的权力扩充得更大。这些人自己知道这一点，也很享受这种权力带来的快感，他们常常把小事弄大。

美国海关有奇奇怪怪的规定，有些匪夷所思，比如说牛肉不能带入美国，熟的也不行，三明治却可以。但如果是夹牛肉片的三明治，较真的美国边检人员会因为这片不够塞牙缝的肉而把整个三明治没收，你想当场吃掉都不行。多年前好莱坞有一部汤姆·汉克斯主演的电影《幸福终点站》讲的就是进入美国海关被移民官折磨得啼笑皆非的经历，在结尾时的一句话意味深长，"有时候你得忽视某些规定，而将注意力放在人的身上，人和慈悲心才是美国的立国之本"。

此外，不要惧怕被单独盘查的小黑屋，其实人家屋子没那么黑，一般都是入境边检的一个没有窗户的办公室，入关没通过的人被领进去安置在简易座位，不能随便坐，然后听从传讯。当然有相当一部分人一旦被叫进去后就被拒绝入境，无法踏出边检大厅到室外呼吸异国的空气了，所以很多人惧怕，称之为小黑屋。我本人也被盘问过几次，也有待在那里长达数小时的经历，但是到最后都安全入境，没有被拒绝过。可以告诉大家没那么可怕，要有平常心，冷静应对，重要的是保持尊严，哀求没用，哭哭啼啼招人烦，做最坏的打算，争取损失最小的结果，全身而退。

案例分享

窦佳同学在多次往返美国的经历中，入关都表现得非常从容和礼貌，也一直希望自己让工作人员感受到其清晰的回答与真诚的问候。但是他有一次也被领进了询问间，也就是上面讲的小黑屋，只因其留学凭证未及时拿到学校国际办公室签字，但窦佳在及时地沟通和联络学校为其解释后，成功迅速地办完了手续。边检官员还非常友好地提示他下次回国过暑假别走得太激动，要记得到学校办公室签字。

第十讲　出国留学，从上课堂说起

前面给大家讲了去美国入海关的问题，过边境检查的问题。大部分人会成功入境，被拦截甚至被遣返的总归是少数。不过，成功进入美国本土，到学校上学只是万里长征第一步，不适应校内课堂的则有很多人。文化差异、个人禀性、当地风气都是可能的原因，从中国出去留学的尤其是文科生要思考以下三个问题：第一个问题是，你是否有较强的写作能力；第二个问题是，你是否具有批判性思维能力；第三个问题是，你是否具有良好的沟通能力。

一、写作能力的要求

就第一个问题来说，写作能力很重要。从这个意义说，如果你有较好的写作能力，或者对写作有兴趣的话，那你适合出国留学。为什么这样说呢？试想你连简单写作能力都没有，或者对此毫无兴趣，那怎么在未来学习和工作中自荐？西方社会需要自我推荐、自我吹捧、自我奋斗，因此善于总结自己的长处并能够让人明白很重要，善于写文章也很重要。

我们读者中不少人心仪金融行业，这确实是个热门，而且热了几十年，以后还会热下去。金融专业需要缜密的分析能力、自然科学基础，尤其是数学头脑，那么怎么和写作扯上关系呢？很简单，这个行业需要尽职调查，需要行业分析，需要同类比较，这些都需要写作。在此之上，公司内部需要报文，就是说一个项目投资决定首先要说服自己内部的人，报文可长可短，内容可繁可简，这也需要写作。此外，还要写得干净利落，不拖泥带水，如果能够用生动的语言，用生动的例子，则会在众多报文中脱颖而出，得到投资委员会的青睐。我所在公司就曾经搞过多次报文评比，几次获得优秀评价的青年人不久就获得升迁，其项目在审批过程中遭到诘问的可能性就比别人少，就更能赢得同事们的信任，其工作环境和气氛当然就令人舒畅！如果能这样的话，生活顿时充满阳光……

一旦项目获得内部通过，下一步常常是募集资金，就要写要约，写招股书，写借款协议，写自有资金申请协议，等等，这都需要文字能力。我认识的朋友中有的本来学习的是英美语言文学，和金融业毫不相干，但是因为英文作文写得好，经常在报刊上发些分析文章被金融业大佬看重，从而被带进这个领域。

美国著名外交家基辛格和投资大师索罗斯为什么八九十岁后仍然受到各个国家瞩目，不仅是因为他们英名一世，还因为他们文章写得好，尤其是基辛格短小精悍的政论文章。我在纽约工作时，他发表在《纽约时报》等报刊上的专栏文章都邮寄给我们办公室一份，我每次都认真阅读，受益匪浅。另一个例子是，在大学期间，国学大师季羡林曾经给我们做过讲座，我已经完全忘记内容是什么了，但是他年迈时写的杂文有的我却记忆深刻，包括对猫咪的描述。这就是写作的魅力。

二、思辨习惯的要求

就第二个问题来说，要学会批判性思维。和中国教育理念中"听话就是好学生"概念不同，在西方国家大学课堂上要勇于发表自己的见解，尽管是不成熟的、不完整的，但是重在自己真实意思的表达。比如美国大学中课堂讨论、口头报告以及分组辩论非常常见，这点常常让来自中国的留学生感到头痛。他们以为来留学就是听老师讲，其实老师经常让你讲！你如果不讲就只好听任美国学生们讲，那就自己放弃了学习和自我表现的机会。久而久之，你在课堂上就会边缘化，同学们会对你视若无睹，老师也印象不深，那样的话留学成果就会大打折扣。

我当年在法国时就碰到过这样的问题，实际上不仅在法国，之前在中国上学时我也是属于嘴拙那种学生，经常接不上话，好不容易想好话题，却被同学类似的提问岔过去了，而那些法国学生都很擅长表达，不停提问，甚至相互讨论，想截住他们都难。但是后来我学会了先提问，就是在老师一停下来，或者刚提问时就说，因为那时大家还没反应过来而我已经有所准备，这样把自己想说的先说出来就不会憋在心里，就不会被类似问题困扰，自信心就会增强。后来我虽然没有在法国课堂上发出光彩，争不过他们，但是在中国和法国人员开会时确属于发言多的那种人，无论是面对法律问题还是投资环境问题，无论面对的演讲者是法国人还是其他国家的人。这样看来，自信心很重要。

一位纽约大学的教授说，"中国学生很善于总结，但不善于批评、分析和提出自己的观点"。他反映的其实是很多美国教师的看法。所以主动提问，尤其是提挑战性问题是中国学生必须过关的，要学会逆向思维，要会质疑，要勇敢说出不同的观点。老师可能不同意你的观点，但他会"捍卫你说话的权利"。

别担心被反驳甚至批评，你一样可以反驳别人，这种辩论在西方国家很常见，无论课堂、会场还是讲台上。电视机前你会发现，如果是中国电视节目上几个人坐在屏幕前讨论一个问题，大家往往说的都大致是一种观点。而西方电视中则是真正的辩论，一个人一种观点，正面反面的都有，让电视机前的观众自己辨别。中国留学生要学会在讨论过程中倾听不同观点，提问时多提挑战性问题。

三、沟通能力的要求

第三个问题是沟通能力，无论在哪个地方，都是会说话的吃香。设想一下，难道有人喜欢不会说话的吗？这里讲的沟通能力不是谄媚，不是阿谀奉承，不是旧时代太监那样的。当然，太监那种点头哈腰的也是一种沟通能力的体现，他们其实非常懂得沟通艺术，把皇帝和上级的意思摸得门儿清，但这不是现代青年要学习的，更不是腰杆挺直的人要学的。

有一个英文词比较能体现这一点，就是social，就是社交的意思，在社会上进行交流活动之意。课上提问是一种social，课下去找老师是一种social，参加各种校内外活动也是一种social，到美国后你会发现这个词用得非常多。social多了见识就多，就会理解别人，就会同情别人，就会有利他之心、慈悲之心，沟通能力指的其实是这个。如果是个自私自利的人，只会利己，尽管能说会道，也没人会说他沟通能力强，而有利他之心并有利他之举的都是沟通能力方面的强者，这一点无论在学校还是在社会都非常重要。如果在国内没人教你，在西方国家你则不得不学！不然你可能经常碰到让你脸红的例子。

我们那一代的留学生（无论公费还是自费的）已经在国际社会上树立了勤奋好学、吃苦耐劳的形象，我不希望新一代的中国留学生被人贴上一种统一的标签。一位亚利桑那大学教授在答卷中抱怨："不论我怎么鼓励我的中国学生，他们就是不说话！在我的课上，最安静的一群人肯定是中国学生。他们不说话，我无法确定他们是否听懂了我讲的内容。"另一位伯克利大学教育学院的教授则讲道："我的中国学生只有在得了低分后才找我沟通。其实，他们应该早点来跟我讨论一下怎样才能得高分。我真的不太理解，他们似乎很少在课外与教授们接触，他们完全可以利用这些机会更好地进行沟通啊。"这种例子很多很多。

一句话，学会沟通，能让自己单调的大学生活更有意义；学会沟通，能让自己异国他乡的生活更加多彩；学会沟通，还能让自己的未来充满希望……

案例分享

芸豆和温迪是同学，刚到美国上学时课堂上每次回答问题，都显得有些吃力、有些慢，但是她们知道互相鼓励，也知道教授和其他同学都会留出时间让其表达。她们知道自己的文化与课堂上的内容产生碰撞的时候，一定要发言，因为每个人都想要听到新鲜不同的观点，而且那正是锻炼语言能力与敞开心扉的绝佳机会。所以她们都积极面对每一次提问和挑战，很快就适应了当地的学习环境。

第十一讲　出国留学，要保持距离

前面给大家讲了在美国课堂上加强写作能力和沟通能力的问题，讲到了social就是近距离和人接触，而这一讲却说的是和人保持距离，这是怎么回事呢？刚说完要接近人群，马上就说和人群离得远点，相互矛盾？

其实不是，这是相辅相成的。social是指与周围的人、与社会和谐相处，保持距离则是指入乡随俗，到什么山唱什么歌，和西方同学间不要随便勾肩搭背，尊重女性不讲低俗笑话，同时不能随便问人家年龄、宗教、党派等敏感性问题，尊重他人隐私，具体地说就是要保持同性间的距离、异性间的距离，以及心理上的距离。

一、同性间的距离

在同性间的距离这一点上，我们国人到西方国家常会犯错误，有时候这种错误是不得已而为之。多年前第一次商务出国时因为经费紧张和国家规定只能两人住一间房，碰到双人床只好两个男人睡在一张床上，但我从第一次碰到这种情况就坚决不肯，宁愿让出大床，自己睡在沙发上，以后只要两人一间就一定要两个有距离的单人床。在这一点上西方旅馆的人员经常惊讶于我们国人代表团能够两个男人睡在一张床上的做法。因为对他们来说，只有同性恋者才会这样做。

虽然美国对同性恋比较宽容，公开向大众承认同性恋的也有一些，但为了避免不必要的误会，男与男之间、女与女之间，大街上不要太亲密。中国大街上手牵手行走的女生很多，闺蜜睡在一个床上的不少，这在老外看来就有点不正常。另外，同性之间不跳舞，这是美国约定俗成的社交礼仪之一。

想起我们在校期间，男同学教男同学、女同学教女同学跳舞很正常，尤其是前者，当时真的不会跳，跳得好的女生也懒得搭理我们，只好找熟悉的男同胞先练一下，我们还都惊讶那些舞林高手竟然会走女士的步伐。但是到了国外，隐隐约约知道了一些后就基本上不这样做了，到纽约工作后，偶尔有跳舞机会，即使找不到异性舞伴，也绝不与同性跳舞。

当然，距离不仅仅是这些。刚到美国什么都感到新鲜的留学生常常在自己喜欢的建筑前拍照，在大城市一般没问题，在住宅区则要小心。不能随便拍摄私人房产，同时不能在私宅前流连忘返。国人都喜欢"饭后百步走"，散步之余还会在心仪的洋房前品头论足。这在美国可能引起小区内住户的焦虑，他们甚至可能怀疑你图谋不轨而电话报警。这还是轻的，如果你还想转到后院草地上观察一下小动物，就可能涉嫌非法侵入私人领地，美国人开枪打伤你都有可能，因为他开枪不犯法而你犯法，别忘了这是个每家都可能拥枪自卫的国家。

一次令我印象深刻的经历是在纽约，那次是三月份，却遭遇到了少见的暴风雪，下了一整天，积雪有几十厘米厚，扫雪车根本清理不过来，除了汽车道外，只能铲除人行道上三十厘米左右的积雪，那条白雪皑皑道路上一条黑色的羊肠小道，只能容一个人通行，迎面过来的就得避让。我去地铁站要走800米距离，行进在这条小路上时就想好，对面来人一定要在几步远前让行，以示礼貌。结果迎面碰到的第一个人是身材高大的白人男士，他居然在离我还有七八米时已经离开清理好的人行道，径自走到半尺深的雪中，我只好忙不迭地说对不起。

在美国空旷的社区街道上，两人相距1米对中国人来说没什么，对美国人来说就感觉到空间遭到侵犯，他会主动避开。而在中国大城市繁华街道上，有时候保持距离好像是不可能的。所以我们千万不要把国内挤公交习惯带到国外，不能贴身防守般地排队，而在美国进入旋转门、上滚梯时都要避让，要不就得说sorry（对不起）。这句单词的重复度堪比thank you（谢谢）。

二、异性间的距离

在异性间的距离这一点上，也得特别小心。我在美国工作时，认识的华人朋友中有人跟我明确表示坚决不肯和女同事一起出差，就是怕发生性骚扰的问题。这让从法国转战到美国工作的我感到诧异。本来在巴黎男女之间见面问候时拥抱贴脸、告别时再拥抱贴脸已经成为习惯，而且贴面经常要四次，两边各两次，即便打个招呼就走也是如此。我到美国发现大家不太这样，但没想到还会严重到性骚扰这种程度，以致和女同事不敢一起出行。到后来我看到的性骚扰例子越来越多，而且那些男性被告基本上都输掉官司，有的其实没做什么，如果换在法国的话。

我所在的纽约世界贸易中心大楼就发生过这类事，一个中国企业家在参观一百层顶楼世界之窗后和代表团其他成员走散了，自己又不太会讲英语，下电梯时碰到一群白人小学生，看到他们的皮肤都白里透红，脸蛋跟洋娃娃玩偶一样，就轻轻地抚摸了一下其中一个女童的脸。结果出了电梯就被同行老师报警，赶来的警察立即将其逮捕，他被关了好多天。相比之下，这点上法国人宽容得多，他们不会动不动就叫警察，法国女子也都通情达理。美国人则过于刻薄，很较真，锱铢必较，还是离远点好。

物理上的距离，是中国文化和西方文化的一个极大差异。一定要注意。

三、心理上的距离

在心理上的距离这一点上，中西之间的差异可能更大，而这也是中国留学生犯错的原因。几年前一个留学生在美国开豪车超速过停车路口，撞死了横向正常行驶的白人驾车者。当地警方出于惩罚性考虑，将其保释金定为天价的200万美元，且为了让这个纨绔子弟有个牢狱之灾，关几天让他反省反省。

结果孩子父亲从中国赶来，竟然如数缴纳了巨额保释金，就为了领走孩子免遭羁押。本来撞车事情天天有发生，属于事故而非主观故意，所以这只是个地方新闻，结果缴纳天价保释金一经传出就成了全球性新闻，不仅儿子劣行，还有父亲"土豪"形象被广而告之，为所有人不齿。本来当地警方是想通过这次事故教育一下这个年轻人，如果是美国人的父母，那一定会有同样感受，让惯坏了的孩子尝尝铁窗滋味，结果土豪父亲的举动激怒了当地社会，连自己都被人肉搜索，使本来应该慢慢平息的事件越闹越大，导致了更坏的结局。由此看来，不同种族之间心理差异如此之大，这个事件可以成为教科书般的案例。

而在平时谈话交往中，比如在一起吃饭喝酒，虽然聊起来是海阔天空，有些还是不要谈，也不能谈。比如和法国人可以大谈度假方式，绘画、文化和历史，不要谈钱，那样会被认为庸俗。比如说起一栋房子，可以从其建筑角度、地理位置甚至背后故事说起，而不要上来就说这座房子值多少钱。和美国人可以谈钱，谈艺术，但和女士不要谈年龄和体重，最好不要涉及宗教问题，对肤色深的人则不要有白人至上嫌疑。

总之，在西方国家得察言观色，入乡随俗，不要涉及个人隐私方面的问题，学会给对方留出足够的空间，尽管已经熟悉了，也得保持物理上的距离，同时保持心理上的距离。

案例分享

朋友晓雁长期在西方著名企业工作，在这个话题上谈及自己的感受：适当的距离不是人与人之间的隔阂，而是互相欣赏与尊重的体现。当我们排队时，会注意保持一定距离，触碰到他人是非常鲁莽的行为，如果不小心也一定要及时道歉。这一点在国内也很注意，不小心碰到也会道歉，而在外也是每个人都会非常注意的事情。哪怕是车子与行人之间，不论何时何地，也会保持非常友好的距离。

第十二讲　出国留学，离警察远点

前面给大家讲了去美国留学既要学会融入当地社会、和周围人多接触，还要懂得同时与人保持适当距离，包括物理上的和心理上的距离，也讲到了两者之间的关系。事实上，在美国最应该与之保持距离的就是警察，以及穿警服的政府工作人员，在物理距离上就应该离他们远点。这和我们国内同胞把警察叔叔无条件当作天然求助对象的观念有很大差距。其中当然有行为上的差异，也有理念上的差异，以及认知上的差异。

一、行为上的差异

在行为上的差异这一点，就拿监督开车超速这件事说，现在中国公路上几乎看不到警察，尤其是那种开车的巡警。原因是经过多年经济高速发展和科技进步，摄像头已经从奢侈品降为普通产品，公路上无处不在，警察坐在办公室里就可以一目了然，而且那些摄像头都是智能的，只要超速到某个限度就会自动拍摄并传送到交通数据处理中心，就会自动罚款。摄像头在交通领域普及后，中国大城市街头警察数量就大幅度减少，在北京街头几乎看不到巡警的身影，而在周边几条没有红绿灯、跟高速公路一样的环路上，也很少看到巡逻车。

而在法国，尽管科技进步日新月异，街头巡警还和以前一样几十年如一日出现在重要景点、重要地铁站出口，他们两三人一组，戴着船形帽，腰间别着手枪和步话机，展示着威慑力。法国警察的特点是会不紧不慢，闲庭信步一般地在重要地点巡视，大部分时间里他们比较安静，很少大声警告行人。即便抓住超速司机，他们也比较礼貌，会让司机下车接受检查，同时不会轻易展示武力。

在美国，你就会发现警察比其他国家多很多，带有明显标志的巡逻车随处可见，警察还会像小孩子玩过家家游戏一样藏匿在路边树丛中、高速公路的正反方向连接口处，用测速仪监视往来车辆。这个曾经电子化最强且创建过互联网的国家，似乎对到处装摄像头这种有效罚款的做法不很感冒，即使安装了摄像头，警察也依然和以前一样腰间别着手枪坚持步行或者开车在街上巡逻。查超速驾驶时，和法国警察经常超车逼停飙车者不同，美国警察会不紧不慢跟在后面，一直闪烁车灯、鸣笛示意飙车者停车。

到美国一开始还真不习惯，在后视镜里看到有警车却不知道针对的是谁，有时候被警察跟踪几公里才意识到这是在拦截自己。在法国高速路上被逼停后不能像大爷一样坐在车里，要下车接受询问，面对执法人员至少要显得礼貌。在美国却相反，驾驶员一定不能下车，要坐在原地不动而且必须双手放在巡警视线所及之处，并必须按照他们的指示做出规定动作。这时候真得离他们远点，驾车者如果不会保持距离、稳定情绪，而是冲动地过去解释，甚至礼貌地站出来的话，那可能真的有生命危险。这就涉及理念上的差异了。

二、理念上的差异

在理念上的差异这一点上，一定要记得美国是个人人有权拥枪自卫的国家。在这个国家老百姓接触各种枪械的容易程度和枪击案的发生频率之高一向令人瞠目。所以警察也担心对方手里有枪，即便是在交通违规这一个貌似没有什么危险的日常问题上。警察要求靠边停车时，在中国，驾驶员一般会主动呈上证件，而在美国，马上从口袋里掏证件则可能会被误认为要掏枪。

美国警察被训练得似乎没有开枪示警习惯，就像中国警察在朝目标开枪前先朝天开枪那样。他们觉得有必要时掏枪就打，一旦开枪，常常是连开数枪，让对方根本没有反击机会。如果有同僚，那场面则会更加血腥，因为枪声一响，他们自己就跟惊弓之鸟一样，一个人率先开火，其他人会跟进，甚至能把弹夹内的子弹打光。

我刚到美国工作时就碰到这类案件，事发在纽约的一个黑人区，在警察按惯例上门搜捕嫌犯时，开门的黑人按其要求，伸手从胸口掏证件却被多个警察在几米开外近距离同时开枪射杀，死在自家门口，身中几十发子弹，还有几十发子弹打偏了。死者是个无辜青年，其实要找的嫌犯就是小偷小摸那种，警察去之前也知道不是什么重罪。事件发生之后当地民众群情激愤要讨个公道，结果那几个警察（其中也有黑人）却被宣判无罪。这个案子令我印象深刻，因为刚到美国。

这种事已经发生无数起，因此丧命者的家属也常常告不倒当地警方。毕竟是误伤,而且大家都知道:如果警察局败诉,士气低落,社会治安由谁来维持?美国警察知道这一点,所以即使不显示武力,也喜欢展示权威,展示威慑力。一旦争执起来他们比其他国家同行更为较真,法国人一般是大事化小小事化了,更为宽容。而美国警察更愿意执行法律赋予他的权力,严格执法,不依不饶。

三、认知上的差异

至于在认知上的差异这一点,有预案、有法律常识和没预案、没法律常识的人结局会大大不同。在尽量远离美国警察、躲不过时应该知道沉着应对。就像美国人自己常常挂在嘴上的那样,这是个法治国家,人人平等,面对美国警察要学会用法律知识。比如开车被截停后,警察可能问你车上有没有什么违法的物品,你应该拒绝回答这样的问题,且应该告诉他:I don't consent any searches. 就是说自己不同意被搜查,尤其是在无缘无故的情况下。

只要你面对威风凛凛的持枪警察说了这句话,他就会被震慑到,也不敢放手对你怎么样了。因为这是你的权利,警察不能在没有搜查证的情况下搜车。如果他强行搜查,即便查到违法物品也不能作为证据起诉。因为在这个国家,程序合法、程序合规与证据一样重要。警察们都知道这一点,关键是你也要知道,不要被唬住才行。

美国警察秉公执法也敬畏法律。如果你敢回答自己有权保持缄默,一切都找律师说去,至少他知道你在法律上不是白丁。美国警察自己知道虽然他们拥有的法律知识比普通人多，尤其是比外国人多，但是在律师面前还是不敢充大，因为他知道自己首先学历不够，法学院难考，此外还有职业考试，每个州都不同，能当律师的首先得法学院毕业，还要经过本州职业考试，都不是等闲人物。

所以在美国生活留学需要具备一定的法律知识，不仅是书本知识，还有那些无论前辈留下的经验教训还是电影中学会的知识都会在某个时间点上有用。在法治国家碰到问题就要用法治观念来应对。远离美国警察，但不惧怕他们，规规矩矩生活，老老实实做人才是重要的。

第十三讲　出国留学，学会送礼物

之前给大家讲了去美国留学要远离警察，因为他们不仅带有致命武器，而且他们本人也很危险，惹不起躲得起。这一期重点讲讲在西方国家学习、生活和工作时的礼仪。

我国是个有五千年文明的古老国家，自古以来讲究礼尚往来，出国后和西方人打交道的一个细节就是要学会送礼和接受礼物，这和国内的做法有很大的不同。西方国家在礼仪和贿赂之间划定了边界，送礼也就成了个学问，送得好加深感情，送得不好就搞砸了，白白破费不说，还可能有牢狱之灾。这里面要思考的有场合上的问题，有特色上的问题，以及价格上的问题。

一、讲究场合的考虑

首先要说的是送礼的场合，和我们送礼截然不同的一个理念是在西方国家送礼往往是出于礼节的考虑，而不是实际上的需求，所以不同场合就得有不同形式上的礼物。比如中国文化中有拜师礼，第一次拜见老师时常常带些家乡土特产表示敬意，但在西方国家就没有这个习俗，空手去就是了。经过一段时间学习后，如果和老师建立了友谊和感情，那时候倒是可以考虑带点特色小礼物表示一下。

此外，在国外留学、生活会经常有一种挥之不去的孤独感，生活习惯、饮食结构都不尽如人意，这时候受到西方朋友邀请去他家里聚餐就比较温暖，那就要考虑一下礼物的问题。一般情况下，带上一束鲜花既不失礼又不太贵，而且鲜花属于万能礼物，送女士可以，去别人家做客也可以，基本上适用于绝大部分场合。如果是圣诞节或者其他节日，去法国人家里可以带上一瓶香槟酒，超市里都能买到。如果在不经常喝香槟的美国，则可以买一瓶红葡萄酒，或者一瓶白葡萄酒。

至于参加生日宴会或者婚礼，那就要费一番考量了，和邀请人的关系、重要性和礼物价格都是得认真研究的。我在美国时碰上一个朋友再婚，嫁给美国人就按美国人的习惯。她直接给朋友们发了一个通知，在一个价格不菲的专卖店列了个单子，意思是你想送礼的话可以去那里选，但是只能选别人没有选的剩余物品，免得送重复了。当时就被美国人的直率和夸张镇住了，因为在法国还没有碰到过这种情况，当然也没有参加过几次婚礼。

不过去法国人家里做客一般是要带礼物的，他们会当着你的面打开礼物欣赏一番，如果是一瓶酒，就可能当晚喝掉，以示重视。西欧人和北美人的习惯是不同的，但是有一点全世界的人都是相通的，那就是大家都不喜欢那种白吃白拿、习惯揩油的人，一次、两次空手可以，多几次就看出来了。任何人都喜欢和有礼貌讲礼数的人打交道。我认识的朋友中就有请客必到，却从来不带礼物、在外聚餐也逃避不出钱的那种人，多次表现后朋友圈内有了共识，最后大家就渐渐疏远他了。

二、讲究特色的考虑

如果要送礼，当然要事先想好送什么，带有自己国家特色的礼物一般都比较受欢迎，但是中国人出国太多，大家都会想到带扇子、茶叶之类的礼品，而许多中国学生会面对同一个老师，那么这个老师家里就可能会有好多同样的东西，这时候就需要标新立异，突发奇想。

即便是送扇子这类具有民族风的礼物，如果自己书法或绘画好，就可以买空白的扇面，在上撰写书法或者手绘中国山水画，这种用心做出来的物件会更令人印象深刻，还展现了自己的才华，不失优雅。还有的中国学生准备充分，创意十足，在国内就买好几套中国泥塑脸谱，在其中的空白脸谱上画上老师的样子，形象而夸张。这种礼物常常因为礼轻情意重，会让老师感动，也会让他们对中国文化产生兴趣。

只是这种礼物不好携带，对于漂洋过海的学子来说要带的必需品太多，行李放不下，航空公司还有超重限制。那么还有什么物美价廉的东西可以参考呢？我在国外生活的时候中国丝绸围巾在西欧很受欢迎，就是那种北方人叫作纱巾的东西，女孩子在春天遮挡风沙用的。西方人用其当饰品，围在脖子上，搭配不同的衣服。这种丝绸纱巾产于中国江南，花色多种多样，质地有好有差，价格有高有低，看着精美，摸着手感好，关键是非常轻，买十几条还不到一斤，却可以送众多朋友。

这种东西比较讨巧,送女士正合适,送男士则说是给你夫人或者你女朋友的,都说得过去。法国人非常喜欢,有的人高兴得当场就戴上,还给我一个大大的拥抱。另外有的人思路奇特,在北京买很多小瓶装的二锅头,去西方人家做客时带一瓶,号称是中国的利口酒,堪比白兰地和伏特加,往往也能受到欢迎,尤其是那些讲究的家庭。比如法国人就喜欢在餐后喝点烈性酒,如果是隆重一点的正餐,经常以开胃酒和各种饮料开场,用餐中间以红白葡萄酒佐餐,最后以高度数的利口酒结尾。如果带这种礼物,最好选购瓶子不大、包装具有民族特色的,比如农家葫芦似的、泥塑或者瓷做的酒瓶,在喝酒期间还可以欣赏,毕竟在西方国家很讲究包装。

三、讲究价格的考虑

最后也是最关乎切身利益的则是送礼的价格,国内有句常用的话叫作"拿不出手",这句话常常用在礼品选购上,拿不出手的原因有多种,可能是样式上,可能是数量上(比如送酒要送两瓶,一瓶不好看),还可能的是价钱上,这种在国人眼中十分纠结的事情在西方国家则是个伪命题,因为任何东西都可以当成礼品,任何人都有权利表达心意,穷光蛋也可以,只要用心就行,不应该仅仅是钱的事。大款当然送礼机会更多,但送不好一样令人瞧不起。那样一来不仅是画蛇添足,遭人鄙视,甚至有银铛入狱的危险。

送礼是有讲究的,国内讲究的是贵重,国外讲究的是不贵重,两者正好相反。因为礼品和贿赂在许多国家边界模糊,一些人以此来讨好当事人以便获取自己想得到的利益。而那些执法严格、为官清廉的国家对此几乎是零容忍，越一步就是雷池。即便不是公职人员，担任教授等社会职务的人接受礼物也有着严格限制。比如在美国，礼物价格不能超过一百美元，无论送礼还是接受礼物，这些年来越来越严格，包括银行界和教育界，虽然这些行业内的都不是公职人员。多少年来通货膨胀严重，物价都涨了那么多，这个一百美元标准仍然没有提高。

不仅美国，英语系国家都有这样的传统。比如中国文化深入人心的新加坡就有严格的规定，导师不允许收相对贵重的礼物，连条贵一点的丝巾都不可以收。如果收到了贵重礼物，美国人可能将其捐给学校，甚至退还给你。那样的话，不仅失去了送礼的意义，还丢了面子。

西方国家当然不是铁板一块，人性弱点在哪里都会存在。如有多个媒体报道英国私立学校很多老师都从留学生家长那里收到名牌包甚至钻石首饰这类价格昂贵的礼物，笔锋直指贿赂。至于留学生直接用现金贿赂老师遭到起诉的事情也时有发生。

像在法国这样讲究礼节和礼物的国家，本来就容易模糊礼物和贿赂的界限，我认识的人就有成功地将对方拉下水的，甚至是法国政府官员。

案例分享

在美国留学的芸豆同学对如何送礼很有心得：常常有人说在学校不可以给教授送礼物，然而这却是我在外五年让自己与教授更加亲近的绝杀技。我的礼物不会以贵重为前提，而是以有趣与用心为出发点。学生与老师之间的情谊是不能用金钱来衡量的，当我想要表达自己的尊重与问候，以及感恩与亲近时，我常常会为我的教授们送上亲手做的小贺卡、小甜品，或者是有中国特色的小礼品。这样的问候为我带来了更多与教授交流的机会，也让我更加迅速地了解当地文化与学校文化，甚至为我带来了大学期间第一个实习的机会。

CHAPTER 3 第三章

关于礼仪，你不知道的事

第十四讲　不能乱点的菜单

前面给大家讲了出国留学要学会送礼，之后几讲跟大家聊聊餐桌礼仪，就是去西方国家餐厅，包括咖啡厅和企业食堂需要注意的礼仪。去餐厅就要点菜，而点菜是要看菜单的，那么考验你知识和智力的时候到了。对于一个初次接触的人来说，西方餐厅的菜单有时像天书一样令人摸不着头脑。因为有不少人看不出主菜和辅菜的区别，有不少人甚至搞不清要吃的是什么肉，还有的童言无忌似的，点完菜还要很无辜地加上一句：主食是什么？

所以吃西餐要沉下心来，首先得认真研究菜单上的菜分几类，得搞清楚哪些是头盘，哪些是主菜，西方餐馆经常只按顺序排列菜名，而非特意加以说明，这对他们来说天经地义；其次要清楚知道自己当时处在个什么位置、什么角色,如果自己扮演的角色重要,对方又是公款或者说是商务餐,就是他代表自己所在公司和学校请你的话,就千万不要客气;再次,即便自己看好,也客气一下让对方先点,这样就能知道对方点菜的价格以及他究竟想吃几道菜,如果中午时间短暂,对方直接要个主菜的话,你也就别要头盘了。我们按顺序谈谈在西方国家点菜的技巧。

一、做点功课分析菜单

首先要做的就是分析菜单,菜单在英语和法语中都是一个词menu,叫法也相近,只要你说出这个词,就算吐字含糊不清,就算发音不准,西方侍者都会听懂并且会奉上一个本子、一张塑料卡或者一张纸的菜单。应该注意的是,menu既指菜单,又指套餐。无论早中晚,送到你面前的那份介绍菜品的是menu,即指菜单。而那种头盘加主菜加甜点的套餐也叫menu,得会区分,套餐也是有选择的。

同时,西方国家餐馆习惯在午餐中推出当日套餐(lunch special),这种套餐menu只出现在午间,是为了招揽周围办公人员和游客,让他们用便宜的价格较快地品尝整套或者半套看家菜。还有不少餐馆充分利用资源推出周末"早午餐"(brunch),就是那种可以将早餐和午餐合并,周末晚起床,十点多后,甚至快到中午时才去餐馆大快朵颐一顿管两顿的用餐方式。一般来说早餐比午餐便宜,而午餐较晚餐便宜,最贵的是晚餐。从性价比角度看,早午餐和当日套餐最值,而早午餐量一般比较大。

和我们国家食材贵而人工成本便宜的情况相反,在西方国家是食材便宜而人工成本贵,所以经常可以看到对我们来说应该贵的海鲜和鸡鸭这种大众菜出现在同一价格的menu里,就是说吃海鲜和吃鸡鸭一个价位,那不挑食的我当然选择海鲜啦。

要注意的是,entree在法国餐厅指的是头盘,而在美国大部分餐厅则是指正餐,这点很多人都会搞错,从而花了钱却没吃好。菜单上如果写有seafood则是以海鲜为原材料的主菜,而不是前菜或者头盘,是可以作为正餐吃的。如果看到chef's suggestions指的是厨师推荐菜,一般都是看家菜,大部分情况下点这个不会令人失望。此外,写着main courses理所当然指的就是主菜了,但是不少餐馆懒得注明。其实他们的懒惰不写倒是对外来游客形成了挑战。

二、了解双方之间的关系

分析菜单后,要知道自己所处的角色,就是在饭前弄清楚是各付各的AA制餐聚还是某一种宴请,自己请对方还是被请,是有求于对方还是对方有求于自己,自己处于买方还是卖方的位置,等等。角色不同吃请形式当然有所不同,埋单者、吃请内容也可能不同。比如自己是请客者的话,那最好提前到饭馆熟悉一下菜单,做一点功课,才能吃得好又不至于太破费。和西方人吃饭尤其应该注意这一点,因为吃饭和做人一样,要有尊严,这是必须的。不少国人视此为雕虫小技,忽略了点菜技巧,错过一次品味西方文化的机会,结果吃过一个好餐馆后没什么感觉,那就太可惜了。

其实西餐菜单远没有中餐那样复杂,因为他们能接受的食材数量远远少于国人,香料用得更少,追求原味,所以认真学习的话走遍天下都不怕。开始看不懂菜单的话,那就看排列顺序,一般地说前菜位于菜单前面,中间的是主菜,而甜点在后。菜单中间可能又分出海鲜一栏,这同样是主菜;还有的甚至分出厨师长推荐菜一栏,依然是主菜。

如果再看不懂的话就比较价格,数字总会算吧,中国人的特长之一就是数学好。价格便宜的就是头盘和甜点,还有配菜(side)也便宜,有的配菜是单点需要另行付费的。位置居中靠后,贵的那一栏就是主菜咯。在一些大众餐馆,中午来的客人直接叫主菜,因为他们知道一上来就是一块肉加上青菜或者土豆那种菜,已经包含了配菜和青菜,那就无须再额外点菜。

就这一点来说,学习方式很重要。建议大家养成进餐厅学会观察的习惯,在被领位入座之前沿途看看别人吃什么,喜欢的话问一下菜名,直接跟侍者说就要那个,他也会告诉你那个菜的名字。尤其是午餐,不知道对方是否有意吃全套时,自己保险起见可以只要头盘和主菜,放弃最后的甜点,或者只点主菜,期待甜点,因为甜点总是在餐后才上菜单的。还有的是那种只点带配菜的主菜,头盘和甜点都不要的方式,这种情况往往因为宴请者不想多花时间和钱,这时如果不知就里,自己点了从头盘到主菜到甜点全套,看到对方只点了一个主菜,吃饭期间你就会不自在,显然,这样耽误了宴请者的时间。

三、给自己留出空间

做完上述两个功课后,还有一点就是最好请对方先点菜,为自己留出时间和余地。在美国,有的俱乐部餐馆菜单没有价格。侍者拿来的菜单可能是那种"阴阳菜单",就是给客人的那份只有菜名没有价格,给主人的那份既有菜名又有价格。某些高级俱乐部视此为一种营销手段,避免客人选择菜品时因为价格为难,同时让俱乐部会员自己知道对方究竟点了多少价格的菜肴。此时不要惊慌,切忌不懂装懂,be humble(谦逊一点),坦率问清俱乐部的习惯做法,主动听对方的建议,就能化解可能的尴尬,甚至化解可能为对方带来的麻烦。

如果对方坚持让你决定,他可能是客气,也可能是在考验你,尤其是在应聘过程中被请吃饭的时候。这种情况下更要从容不迫,点好吃又不贵的,所谓好吃的指的是容易入口、不影响双方交谈的那种菜。比如说选择一段香肠、一块剔骨鱼,这些一刀能解决问题的,或者只用叉子就可以吃的菜,而避免吃那种需要频繁用刀叉横切竖割才能解决问题的菜,比如半只鸡、整只活龙虾和带骨牛排。

因为,双手用力频繁切割容易出状况,弄洒汤汁掉落餐具都有可能,尤其是自己紧张时。此外应聘者千万不要点后面没有价格、只是写着 market price 的那道菜,这个词意味着市场价、随行就市,往往是海鲜类。市场价尽管高,其实并不吓人,西方市场价格规范,但那个龙虾如果个头很大又以重量计算就可能比较贵,所以尽量不要选择这种看不出价格的,除非对方有求于你,还热情推荐。

希望大家记住的是,和中餐吃法不同,西方世界强调自我,所以不能将点菜的责任推卸给他人,同时更不能放弃机会。因为你放弃的不仅仅是机会,还是做人的尊严;错过的不仅仅是一道佳肴,还是一种生活体验;失去的不仅仅是一口食物,而是一种文化品位。无论是在外长期留学还是短期旅行,建议你把每次进餐馆都当成一生中的唯一一次,因为就像那首歌说的,这辈子可能没有机会再来!

第十五讲　不能乱放的虾壳

上一讲讲到点菜是个学问，说的是学习西方文化礼仪、保持自尊的事，这一讲说说如果不肯学又不自尊的话会有什么严重后果。2018年春夏之际，有个令人遗憾的新闻是两位中国游客在日本餐厅因为吃相不佳被老板赶出门外，对方连钱都不要，声称走人就行。

两位游客都是年轻女性，莹莹和文文，面容姣好，衣着风光，还是姐妹花。她们其实并不想贪便宜吃霸王餐，被对方以不耐烦手势驱赶时还坚持付费，一定要掏现金放在柜台，结果那个日本老板赶出来还给她们，大声说：希望她们以后再也不要来了。视频画面中那位同样年轻的日本老板挥手让她们快点离开，抱怨说"真是够了，那肮脏吃法我真的没见过""不用付钱了，请离开"。

看完视频后我心里想，这两个年轻美女吃相得多难看，才让人家连钱都不要啊！

一、行为之不良

就不良行为来说，可悲的是这两个年轻女子事后在微信群中仍然认识不到问题出在哪里，被朋友问吃相怎么难看时回复："两个女孩子吃饭，能难看到哪里？"她们自己曝光此事时抱怨老板种族歧视，因为老板不赶周围餐桌上的日本食客，只赶她们姐妹二人。

我刚看到这里时也不解其意,还在想,她们的吃相能难看到哪里去,以至于店家发这么大的火。

事后得知,并不是她们自身吃饭的样子而是堆放食物垃圾的方式太难看,惹怒了对方,主要原因是她们两人吃饭期间吃了很多虾还将虾壳扔了一地,而且她们在饭店限时自助九十分钟到了后不走,超时被赶走之前已经被多次提醒,周围的日本食客都投来了鄙视的目光,人家忍无可忍才下达逐客令的。

国外并不都认钱,他们要钱的同时要的是尊重,对环境的尊重和对人的尊重。同样,我们中华民族也有"粒粒皆辛苦"的古训,也有黎明即起,洒扫庭除的习惯。我们应该把这个古训坚持下来,发扬光大。作为一个拥有几千年文明的民族的后人,我们没有浪费的传统。

二、礼仪之缺失

假如一个人只顾自己干净,而把公共场所当成垃圾场随意丢弃杂物,能赢得他人的尊重吗?再想一下:那两个衣着光鲜的女孩在家里吃饭时会将虾壳扔一地吗?在家里守规矩在外不守规矩,在家里讲卫生在外不讲卫生,这种自私自利的心态不引起别人的反感吗?

确实,在有的地方,食客们习惯将虾壳直接扔到地上,结果就是开餐没多久,地面上就一片狼藉,而桌上大家仍然吃得热火朝天。更令我吃惊的是,服务员对此视而不见,似乎在鼓励这样扔虾壳，一旦食客结账离去，他们过来收拾时也会把桌子上的食物、垃圾一股脑扫在地上，然后再清理地面，似乎这样更直接、更省力。

如果这些人出国旅行，将陋习带到其他国家，想想会得到什么待遇？在这一点上，我对中国留学生的建议是远离这样的吃虾爱好者，甚至远离这种旅游团，因为会招来侧目，会引发鄙视，甚至会产生纠纷。人在文明社会就要学习文明习惯，毕竟近朱者赤，近墨者黑。

在食堂吃饭的经历可能大多数人都有过，至少有过午餐经历，就是那种拿着托盘装上一份饭菜的形式，一般午餐拿两菜一汤加上一碗米饭就放满大半个托盘了。那么多年在食堂吃饭，同事中基本上没有见过将虾壳这样的垃圾扔在地上的，大家会将骨头等垃圾吐在托盘中。我则是先把汤喝掉，用这个碗来盛食物垃圾，比如鱼骨、肉骨，就显得干净多了。

三、舆论之必要

这里就要谈及社会风气和纠错机制的必要。我始终不明白为何一些人对吃虾尤其是吃大虾这件事情有独钟，好像无虾不成席，一桌宴请没有大虾就不够档次，而且虾个头越大就越值钱，请客人就越有面子。其实海鲜中有很多贝壳类甚至鱼类比大虾名贵也更有营养，味道也更好，吃大虾的感觉或许更多是心理上的。我经常在国内会议和宴会的自助餐时远离盛大虾的容器，因为那里常常聚集着众多有着同样面孔的食客。

虾味虽好，食之有度。即便是自助餐可以随便用，也不要把大虾当饭吃。尤其在西方世界，即便你吃得无声无息，即便你吃得优雅，一盘大虾再加上一地虾壳，也会让周围食客侧目。

对那些我行我素的游客，即便平时没人管你，出国后就会有人管，让你下不来台，颜面尽失。

所以，我们要学会对食物感恩，对服务生感恩，对自然界感恩，尽力维护我们赖以生存的环境。此外，社会监督是必要的，饭店应有权监督食客，有权按照规定对浪费者处以罚款。一旦发生争执，执法者应该迅速赶到，秉公执法。

第十六讲 不能咬食的面包

之前餐桌礼仪讲的是不能乱放的虾壳，大虾虽好，吃相重要！这次给大家讲讲不能随便吃的面包。

我们从小就会吃饭，人刚生下来就会吃东西，就会寻找奶源，寻找食物。这是天性所在，和所有动物一样。我要指出的是，即便我们会吃，一旦到了西方国家也不见得会入乡随俗地吃，不见得会差异化地吃，不见得会优雅地吃，而这一点关乎自己的形象，有人会吃得赏心悦目，有人会吃得杯盘狼藉，吃相太差的人不仅会遭到周围食客白眼，还可能被赶出餐厅，那可是令人倍感羞耻的。就说吃面包这事吧，好像大家都会，吃面包还用学吗？很少人知道其中细微的差别，比如什么面包可以咬着吃，什么面包可以蘸着吃，什么面包只能掰着吃，等等。

一、可以咬着吃的面包

面包咬着吃，这好像是天经地义的，读者甚至会问：这还用说？是的，西方人的面包就像东方人的米饭一样，是天天都要面对的食物而且百吃不厌。在西方国家，绝大部分餐馆中的面包是不要钱的，点菜后就上一篮子，不够可以再添。越好的餐馆面包越好吃，当然这些面包可能不是本店烘制的，而是从面包房买回来的，这和国内餐馆好吃的米饭都是自己蒸的不同。

吃面包的讲究很多，比如不能东施效颦一样用叉子吃面包，只能手拿，也不能像锯木头一样来回用餐刀切割面包，要用黄油涂面包而不是拿着面包去蘸黄油，等等。这些餐桌礼仪看似细微，实则考验你的教养。如果不注意，不仅国人出国时可能洋相百出，即便在西方生活多年，受过高等教育甚至相当富裕的华人也经常会犯这类错误，因为他们疏于学习，疏于观察。

在法国生活多年的朋友中就有人有这样的举动，其中一种错误吃相最常见，就是吃饭时从面包篮中拿出面包掰了一半又放回去。碰到这种情况，我经常默默地将剩下一半拿出来吃掉，免得让同座的法国人尴尬，也让面包篮继续保持完整和干净。

想想看，如果你把米饭盛到自己碗中后又把一半重新倒回大锅里，其他食客会怎么想。那公共用的一锅饭岂不是成了剩饭？其实，不仅面包篮中的食物一旦拿出不能再放回公共篮子中，这篮面包本身即便在餐桌上没被动过，也不应该再拿回厨房重新供应给其他食客，只能扔掉。这是西方餐厅的规矩，越好的餐厅越这样。从这一点上说，吃不完的面包和食物免费打包带走反而会得到餐厅的鼓励，而花钱点来的食物却大量地丢弃在桌上则会遭到服务生的鄙视。这是一些人在西方旅行时经常忽略的问题。

话说回来，不少面包是可以咬着吃的：从外在种类上来说，有切片面包、夹心面包、涂抹黄油和果酱的面包；从内在种类上来说，有软面包、一掰就掉渣的面包等；从后加工角度来说，有汉堡类面包、三明治类面包，等等。这些面包都是可以直接咬着吃的。即便如此，你也最好看看对方怎么吃，如果同座的西方人掰着吃，你也最好效仿。实际上，一些餐馆中的面包篮中可能同时出现好几种，其中有的硬面包不能撕咬，只能掰好再送入口中。如果记不住上述那些种类的话，可以这样记：在家可以咬着吃，在外掰着吃；自己单独可以咬着吃，和外人一起则掰着吃。

二、可以蘸着吃的面包

面包不仅可以咬着吃，还可以蘸着吃，听着好像有点夸张。不过，确实有面包蘸咖啡的，也有面包蘸汤的吃法。好莱坞早期电影有一部著名的《一夜风流》，中文翻译得极具想象力，其实这部电影一点没有色情和风流故事，其英文名字非常简单而且毫不诱人，就叫《一夜中发生的事》，而其法语翻译则更为朴实，叫作《纽约–迈阿密》。

在这部风靡世界的电影中就有面包（其实是甜甜圈）蘸咖啡的镜头，这是当时美国人流行的早餐吃法。即便如此，吃的方式也有讲究，电影中由好莱坞大名鼎鼎的帅哥盖博饰演的男主角，也就是那个失业但是很有操守的记者，他当面教训逃婚的富家女孩子面包不应该蘸得太久，而是应该蜻蜓点水般蘸一下就咬着吃。可见教养不分贫富，即便是家境再好，不肯学习的子女依然不会正确吃面包，到了社会上就遭到鄙视，事情就是这么简单！

蘸着吃面包的例子其实比较少见，即便是西方世界，吃法也不尽相同，法国人就不屑于这么吃。其实他们不屑于吃挂满糖浆的甜甜圈，认为这是美国人的垃圾食品，他们有自己蘸面包的吃法。要知道法国人讲究到了极致，当我们用大碗盛菜时法国人用大盘盛汤，他们可以一顿盛宴下来从头到尾都用盘子。吃完头盘色拉后他们会用小块面包把油汁蘸干净，再送进嘴里。吃浓汤到最后当然汤汁会挂满盘子，这时候优雅的法国人也会用面包块蘸着剩余汤汁吃得津津有味，他们甚至将面包块当成擦布一样将盘子挂着的剩余汤汁全部擦光，吃到最后，那个盘子跟清洗了一般干净。

在法国，越到农村，汤越浓，这个习惯越盛。这点源于他们节俭的传统，源于他们感恩食物的习惯。法国和德国的国家首脑和政治领袖经常有这方面的习惯，比如说用面包擦盘子再吃掉，弯腰捡起掉在地上的食物，等等。

三、可以掰着吃的面包

至于面包掰着吃这一点要多讲几句。在正式餐厅，面包为什么要拿起来用手掰着吃而非用牙咬着吃没有考证，估计饿极了也会直接咬着吃，不过掰着吃确实好看一点。大家都知道法棍，就是那种跟胳膊一样长也一样粗的棍状面包。这是法国人天天吃、顿顿吃、从早到晚吃而不腻的食物，也是受政府补贴的食物。

如果说法国菜有什么所谓"主食"的话，这就是主食。如果说法国菜有什么"副食"的话，这也是副食。因为它早餐是主角，午餐和晚餐又成了配角，角色每天都要这么变换，周而复始。和我们国人吃的"主食"千奇百怪不同，比如国内北方人喜欢吃馒头，南方人喜欢吃米饭，贵阳人喜欢早餐在街上吃一碗粉，而昆明市民则吃一碗热乎乎米线，法国人不管从南到北还是从东到西，都无比忠诚地将法棍作为永远的主食或者副食，一生都与其相伴。

吃法棍时，法国人会将其撕一小块优雅地放进嘴里，那一小块放在嘴里正合适，当然嘴小又细嚼慢咽的女士进食时面包块更小，咬得更隐蔽，咬得你看不到过程，而且他们吃饭时大部分时间闭着嘴，却能继续说话。如果想涂黄油，法国人就会将掰好的小块面包用刀抹上黄油再送进嘴里，仍然是一次一块，而不是像我们有些国人那样将黄油一次性涂满面包再咬着吃。同时，食客也不能图省事，把面包掰成众多的小块放在那里，只是吃的时候再掰，掰多少吃多少。而且最好在自己的盘子上面掰，免得面包渣掉在餐布上。

法国人为此特别发明了一种铲面包屑的工具，只有手掌那么长，外形类似长蚱，金属制成，在餐桌上轻轻一刮，面包屑就被带走，餐布还是之前那样洁白。所以吃得香是一回事，吃得优雅、吃得赏心悦目同时吃得香是另一回事。去国外餐厅不能饱了肚子伤了自尊，也不能花钱买罪受。

法国人吃面包有门道，做面包也有门道，看看他们的面包店，看看他们的餐厅提供的面包，你就会发现平日言辞委婉、语调轻柔的法国人喜欢吃的是硬面包，有的品种硬得有棱有角得用力才能撕开，扔出去能把别人的头砸个包。而直来直去、大嗓门的美国人则喜欢吃软面包，软得一掰就掉渣。这个性格软硬和食物软硬相左的现象挺耐人寻味的。

总结一下的话可以说：软面包咬着吃，硬面包掰着吃；做成三明治的面包咬着吃，原味长面包掰着吃；在美国吃面包大部分场合咬着吃，在法国吃面包大部分场合则要掰着吃。记住这些的话就大致没错。

第十七讲　不能端起的盘子

前面说过西餐中吃面包有讲究，这一讲要说的是端盘子也有讲究，而且是非常重要的讲究。在中餐中吃米饭可以端碗，毕竟不端碗用两根筷子夹米粒不方便，有时候只有端碗吃才能吃个痛快。但是西餐中吃面包不能端盘，吃菜也不能，端起盘子吃就跟中餐端起锅吃一样粗鲁。

我经常看到用餐时的各种不雅行为，如果不及时指出来，恐怕有人终其一生都不知道改进，以为习惯成自然。我们今天生活在中西方文化高度融合的时代，应该与时俱进才对，这一讲就和大家说说不能端起的盘子，不能摆弄的餐具，不能当面剔牙。

一、不能端起的盘子

就第一点关于盘子来说，中国人主要用碗吃饭，自古以来就是如此。米饭用碗，菜用碗，甚至酒都用碗，所以有大碗吃肉，大碗喝酒的说法。和中国人主要用碗不同，西方人自古以来善用盘，盘里盛饭，盘里盛菜，甚至盘里盛汤。进入法国餐厅一眼望去，桌子上全是盘子，基本上没有碗。高级一点的餐厅桌上还可能大盘子上摆放小盘子，平底盘子上摆放深底盘子。西餐饭前有开餐盘，之后会根据你点的菜上不同的盘子，有的盘子还加热过会烫手。面对这么多令人眼花缭乱的盘子，一个铁律就是上桌后就不要动它，如果服务生摆放不到位，则可以将其调整到方便的位置，也就是切割方便的位置，然后就不要再动了。

在吃饭过程中，盘子是永远不能端起来的。它是装你吞进肚子里食物的容器，也是你吐出残羹剩饭的垃圾桶，同时它还是你进行食品最后加工的案板。如同菜上来时盘中食物摆放要规整有序一样，端走时也应该如此。西方发达国家的人吃饭不会把残食放在自己的盘子以外的地方的习惯已经很久了。所以当收拾餐具端走盘子的时候，垃圾同时被清理掉，桌面和之前一样干净。

法国人很少制造食物垃圾，吃虾时也不会上手剥虾皮，始终用刀叉解决问题，那样显然不如手快，他们知道这点，但是仍然如此，就是要保持吃相。如果仍有残余虾皮无法用刀叉剥掉，他们会径自将其吞进肚里。比如像吃葡萄这样的水果，我们通常不仅吐籽，还会剥皮，于是吃点水果餐桌上就会多出不少垃圾。其实葡萄皮并不好剥，需要细心，会弄脏手，还得有大把大把时间才行。

在法国，你会发现那些平时举止优雅的法国女士吃葡萄时很原始，不但连皮吃，有时遇到籽都不吐。法国人是讲吃也会吃的民族，即便遇到自己心仪的美食，也能维护自己咀嚼食物的形象。当然了，他们也知道葡萄皮和葡萄籽都有营养，吃下去没有坏处。大家可能不知道，在遍布美国街头的维生素专卖店中，以葡萄籽为主要原料的维生素占据着很重要的柜台，卖得比葡萄不知道贵多少倍！

吃饭不能端盘子是个原则，可以端起盘子是例外，有几种：一个是人多，服务生无法靠近收拾残局时可以将盘子端给他；一个是去法国人家做客、女主人盛菜时，那时候你要把盘子端起来凑到主人的菜盆面前，免得她伸手不方便。除此之外，盘子永远要在桌子上不能动。这就涉及第二点了。

二、不能摆弄的餐具

盘子不能端起来，刀叉不能乱放，因为你几乎所有的加工都在这上面。刀叉不只是切割，还是剔出虾肉，盛起菜肴，卷起意大利面的有效工具。法国人吃面会用叉子一次次翻转将面条卷起直到尽头，卷成一团，之后直接送进嘴里。他们会一次次重复这样的动作，直到最后，吃得无声无息，令人叹为观止。

至于刀叉摆放大家都略知一二，这里主要说说用餐行为。一顿正式西餐的餐具有好几套，盘子两边各有大小不同的刀叉，盘子前方会有更小的刀和小勺用来涂抹黄油和吃甜点。两边的刀叉按照左叉右刀规矩摆放，就是左手持叉、右手持刀，但是如果不用刀只用叉时则可以右手持叉直到主菜吃完。吃饭时要从外侧开始拿餐具，用较小的刀叉吃前菜，较大的刀叉吃主菜。

面包是不能用刀切割的；黄油是不能拿小勺涂抹的，而是用刀；如果有骨头要吐出来，可以用手从嘴里取出，当然隐蔽地取出最好，之后放在自己盘内的边缘，而不是盘子外的桌上，更不是地上。注意观察的话，你会发现西方人吃饭后只需收拾桌子，餐桌布和之前一样干净,更不用扫地。所以无论几拨食客过后,地都是那样干净。

刀叉不用时可以将其放在自己盘子的两侧,可以分别将刀叉头部搭在盘子上表示要继续吃,如果将刀叉都并排放在盘中的话常常表示已经吃完,剩余的不想再吃,服务生可以端走了。摆弄餐具是不礼貌的,也表现了你内心不静,心神不定。吃饭时也不要把菜拨来拨去,即便是自己的盘子,这个动作也是不好看的。同时还要记住也不要把刀叉放在自己的餐盘范围以外,就像不少人吃饭将自己的筷子搭在公共盘子上一样,这些都是不礼貌的行为。刀叉是自己的用餐工具,盘子是自己的切割案板,所以只能放在自己的区域而不是桌子上的公共区域。

三、不能当面剔牙

在餐桌上最好不要剔牙,更不要用刀叉剔牙,那样的话也太失礼了,想想看明晃晃的叉子进到张开的大嘴里是什么样的形象。在法国没有餐厅服务生会主动把牙签放在桌上,但是你如果要求,他们会拿上来单独给你,这也是他们出于环境卫生和方便顾客的考虑。

法国人基本不会当着你面剔牙,他们不是牙口比我们好,也不是吃东西不塞牙,而是他们更看重自己形象,即便塞了也不会当你面剔牙。

说了这么多,有些人饭后立刻剔牙的习惯就是改不了,饭后一定要立即当着人的面清理牙齿，那到了西方国家餐厅怎么办？建议这些人索要牙签后去一趟洗手间，在那里悄悄处理一下。因为去洗手间是正常行为，当面剔牙则是失礼的。看菜吃饭见人下菜碟这句话其实有其合理性，就是入乡随俗。这里讲的看上去过于细节，但不是有细节决定成败的说法吗？实际上有的人就往往输在细节上，无论是工作还是生活！

第十八讲　不能畅饮的红酒

前面说的是西餐礼仪中盘子不能端起来，这一讲说说不能随便畅饮的红酒。酒不能畅饮如同饭不能敞开吃一样，听上去不过瘾，不痛快，其实习惯就好了。这里想说的首先是酒虽好不能乱喝；其次是如果真喝的话则要按自己的节奏而不是别人的节奏喝，当然也不能将自己的节奏强加于人，这是我们部分国人喝酒最容易犯的两个毛病；再次，最重要的是要有节制，量力而行，适可而止。既然题目说的是喝红酒，那就还是以法国人为例子吧。

大家可能知道，法国是世界上人均红酒消费最多的国家，说起红酒就想起法国；大家可能不知道，法国也是世界上人均寿命最长的国家之一。这个现象引起世界广泛注意，许多学者研究表明因为喝红酒的习惯使得法国人长寿，尤其是女性。20世纪90年代世界上曾经的人瑞活了122岁，那位名叫卡尔芒的女士住在法国南部阿尔勒小城，一生喝酒吃肉，还目睹过当时贫困潦倒的印象派大师凡·高作画。那么，为什么法国人消耗掉那么多酒精却依然长寿？这就和下述三点有关了。

一、喝酒不乱的习惯

法国人的优势首先就是喝酒不乱的习惯。

对这个国家了解多的人都知道法国人喝酒之前一般会吃点东西，大部分场合这种酒前餐就是面包，就是我们称为法棍的硬面包，这种面包本身是碳水化合物，还是发酵的，含有盐分，外硬内韧，也就是中国北方人讲究的那种筋道，既可以佐餐又能当主食，也可以空口吃而不加任何东西。即便是正式宴会有餐前小吃，也常常是法棍片上放点橄榄、三文鱼或者肉酱什么的。这样在吃正式餐饮前法国人已经有发酵的面包充填了胃部，而且还是能膨胀并吸收酒精的面包，这使得他们的内脏受到了保护。

其实有经验的中国人也会在喝酒前或者喝酒过程中吃馒头，这就是同样的道理。不同的是，在法国人人都这样，餐餐如此，无论在家还是去餐馆。这样一来，他们分解红酒时就会中和酒精度，也就不至于醉酒。这就是为什么在法国生活那么多年，我在酒馆里连一个醉鬼都没有见到过。

当然法国人也并非不能空腹喝酒，至少在喝啤酒时他们经常空腹不吃任何东西，只不过法国人天生理智，喝啤酒只喝一小瓶，那种只有三百多毫升的小瓶，比一个易拉罐可乐容量还少，解馋了就好，而不必一次喝多。即便是普通啤酒，习惯也有所不同，如同南方人冬天喝黄酒要加温后再喝一样，西方人喝啤酒一定是冰镇的，那种夏天从冰箱拿出来还挂着水珠的感觉，清凉爽口才行，对他们来说，如果不是冰镇，啤酒就喝糟蹋了。

而我们喝啤酒没什么讲究，还经常是常温的，喝的是酒，感觉到的是温吞吞的饮料。而且西方人喝完一瓶之后才会再叫一瓶，从来不会放两瓶在桌上，所以尽管你能喝也舍得花钱，和西方人在一起千万不要说"先来几瓶"这样的言语。让对方感到吃惊不说，距离一下子就拉远了。

二、按自己的节奏

其次我要说的是以自己的节奏而非他人的节奏喝酒。什么是自己的节奏？就是那种举杯而不碰杯，浅尝而非干杯，示意而非恭维。这是和西方人晚餐的几大原则。你如果还想按照国内习惯和他们喝酒甚至拼酒的话，可能对方不搭理你，你会有讪讪之感。怎么理解这几句话呢？

比如说敬酒礼仪吧，我们的习惯是别人敬你酒或是你敬别人酒时都要站起来，结果吃一次饭要换多个姿势，站起来再重新坐下，反反复复，把椅子拉来拉去。而在西方国家，人们不站起来，除非为了庆祝什么。还比如干杯吧，我们干杯经常是真的干杯——那种将杯中酒一下子喝进去的壮举，无论是贵州茅台还是北京二锅头。西方国家人喝酒没这个意思，甚至没有"干杯"这个词，法国人举杯时说的是"为了你的健康"，英语中则说"切尔斯"（cheers），就是祝福之意，西班牙语也说的是"健康或者致敬"，此外无论德语还是意大利语都不是"干杯"这个含义，而且他们也不会一次次喝光杯中酒，而是自己喝自己的，按照自己的节奏而非大家的节奏，因为酒是用来品味的，就不能像可乐那样豪饮。

还比如碰杯这种事，我们敬酒一定要碰一下杯子发出一声清脆的响声才行，不知道从那年开始出现了碰杯时自己的杯子还要低于对方的杯子的习惯，以示敬意，尤其对长者和级别高的人物，如果你做了低于对方杯子的动作，对方敏感的话下次就会更低，于是你还要再低，结果就是双方对杯时越来越低，没完没了。同时"谢谢赏光"这些客套语言还要像车轱辘话一样没完没了。

西方人则不管这一套，他们举杯隔着桌子向对方示意就行，并不一定碰杯，也就没有谁的杯子低于谁的问题，你如果一次次提议的话反而会造成尴尬。西方重视个人主义，吃的是自己的饭，喝的是自己的酒，即便同桌吃饭讲的也是个人感受，而非整桌的气氛。

喝酒当然要按照自己的节奏，想喝就喝，不想喝就不喝，想喝多少就喝多少，而不是跟着别人的节奏甚至被逼喝光杯中酒。那种一次次干掉杯中酒的做法在他们眼中就是暴殄天物。想想看：你会在热烈气氛中反反复复一口吞下大块肉或者一口咽下大勺饭吗？饭不能这么吃，为什么酒就要这么喝？既然都是用来品味的，那就要自己主动品味，而不是被迫品味。此外即便在酒桌上，西方人也不会夸张地恭维对方，尤其不会特意说领导好话，当着众人面拍领导马屁无论在哪种场合都是令人不齿的行为。

三、时时想到节制

无论什么酒，面对什么场合，时时想到节制。这些年来为了干杯方便，人们将喝白酒的习惯移植到红酒，本来白酒用小杯甚至酒盅是个古老的东方习俗，就像红酒用大杯是西方习惯一样。但是现在一些大酒店服务生被训练得用大杯倒酒盅那个量的红酒，只有一勺的量，看上去就像亮晶晶杯子底层沉淀物没洗干净一样。

这种喝西式红酒的中式做法在一些上档次地方已经成了习惯，就是为了一口干了。岂不知红酒开瓶后需要与空气大面积接触才能达到令人满意的口感，而大口径酒杯也是为了红酒充分氧化，半杯左右的红酒量氧化面大、效果会更好，法国人从来都是倒半杯左右的量，无论在餐厅还是在家庭，当然根据杯大小有所不同。而部分国人高级餐馆那种大杯倒小酒，以便一口闷的方式有点牛嚼牡丹之感，学得不像，即便是五大酒庄的红酒也喝不出应有的味道！

如果说起喝酒的普及程度，那法国人个个都能喝，无论男女，无论老幼；如果说喝酒的节制习惯，那也是非法国人莫属。其实法国人不仅能喝，还能喝混酒，就是说一餐饭可以喝不同类型的酒。这对国人来说是个不小的挑战，因为国人喝酒经常从头到尾只喝一种酒，喝混酒就会醉倒。但是法国人一次正式家宴晚餐可能以中等度数的开胃酒开场，正餐则以低度数的红葡萄酒和白葡萄酒佐餐，最后以助消化的烈性酒结尾。

在法国，即便是丰盛晚餐，大家也不会喝过分，比如各种酒都可能仅仅倒半杯到一杯，烈性酒更少，只有一盅而已，浅尝辄止，而且大家都不劝酒，更没人强迫你，喝不完可以剩在杯中。此外法国人上菜慢，吃饭细嚼慢咽，尽管一晚上喝了不同种类的混酒，仍然不至于醉倒。我参加过那么多次法国人的家宴，没有一次醉倒，尽管我不能喝酒,一喝酒就脸红。

这种节制往往不是天生的,而是来自教养,那种从小到大受到的家庭教养和社会教养,那种适可而止保持尊严的习惯,以及那种己所不欲勿施于人的绅士精神。所谓不能畅饮不是说不能痛快地喝酒,而是说自然地喝,自由地喝,有节制地喝,以便喝得舒服,喝得长久。

第十九讲　不能忽视的小吃

如果比较一下东西方小吃的话，灌汤包和牡蛎是个比较好的例子，也是比较极端的例子。无论从做法、吃法还是饮食理念上两者都有很大的区别，一个代表东方饮食倾向成熟的风俗，一个代表西方胃口保持原始的习惯。无论留学还是工作，想在东西方之间游刃有余的话首先得过饮食这道关。在中国就要会吃灌汤包，在法国就要敢试生牡蛎，那么学习就很重要，观察就很重要，对待一种新的食物，掌握一种新的吃法，都需要用心才能事半功倍。

"谁不会吃？"这句话说着容易，事实上，真正会吃的人属于少数，能称得上老饕的人不多，无论东西方。现在西餐不是越来越流行了吗，分餐制或者使用公筷夹菜不是越来越受到欢迎了吗，西方人喜欢生吃海鲜的做法不是越来越多的人能够接受了吗？那就以活牡蛎为例，以灌汤包为例，跟大家说说制作方式、食用方式和饮食理念上的差别。

一、制作方式的不同

实际上，中西方饮食制作上的不同经常被大家忽略。在餐桌上的不同似乎显而易见，西餐中都用白布铺桌，盘子做容器，使用刀叉切割食物。而在常常被遗忘的后厨差别也是很明显的，中餐用圆底炒锅而西餐用平底煎锅,中餐常用大火而西餐常用小火,中餐常常闷盖做菜而西餐常用开盖做菜,中餐常用蒸而西餐常用烤,所以同样是面食,西餐做出来的叫面包,我们的却叫馒头。

简单的道理反映的是简单的逻辑。从古代就有的陶器和青铜器就可以看出我们的祖先主要的烹调手段就是蒸和煮,与西方国家那种把食物直接放到火上烤的方式大不相同。游牧民族较多的用烘烤,而农耕民族大多数使用的就是蒸煮。此外东方人食米,西方人食面,这点也注定了两种文化的区别,毕竟米饭不易烘烤,只适合于蒸煮。其实吃米饭也有制作上的不同,西方人喜欢吃的是那种煮半熟,一粒粒分开,吃起来没有软糯感反而有些夹生的米饭。许多国人朋友去法国天天吃面包受不了,好不容易在西餐中见到米饭,欢天喜地点来吃,结果却大失所望。

从蒸煮这一点上说,中国最具特色的就是包子和饺子,因为西方人类似的馅饼和面包制作过程中经常是把馅露在外面,比如比萨饼、巧克力面包,而中国人都能将其严丝合缝地包在面团里面,无论蔬菜还是肉,之后上锅蒸煮还不会破。其中以灌汤包最为神奇,居然能把肉汤裹在薄薄的面团里面,夹起来能感觉到汤汁在里面流动,往往让首次品尝的西方人百思不得其解。

相比之下,牡蛎或者说生蚝则是西方人为数不多连汤带肉吃的食物之一。吃牡蛎也是法国人最有特色。几百年前,牡蛎已是法国人钟爱的珍馐。到了讲究豪华排场的17世纪,有了更多的吃法,比如烤着吃、炸着吃,但多数美食家始终推崇生食,法国人也接受这样的建议。法国大西洋沿海盛产牡蛎，肥腴丰满，打开后看着清爽诱人，咬上去弹性中带有脆嫩，带有封存于紧闭壳内那来自故乡的海水，口感微咸，含有丰富的钙和矿物质。现在美国市场上那些让部分国人趋之若鹜治疗关节疼痛的维生素就是以牡蛎等海产贝壳为原料制成的。

相比热食灌汤包而言，牡蛎要冷着吃，甚至要先放在冰块上，然后用嘴巴将其升温。此外，吃牡蛎不喝汁就如同吃灌汤包倒掉汤一样令人可惜。我们经常是只知其一不知其二。其实撬开牡蛎壳、挖掉肉直至咽下去的最后一刻，都有讲究。撬开后，先把生蚝贝壳里面的第一层汁液倒掉，这时候牡蛎还是活的，会在之后几分钟内继续挣扎、继续分泌汁液，这是其生命之液，像过滤器水一样纯净，这时候的汁液更加美味，饱含营养，滋阴补阳。

二、食用方式的不同

从食用方式上看，牡蛎和灌汤包一样，最好一口吃进去，然后在嘴里细细咀嚼。当然如果碰到个头大的分两口吃也并不是不可以。但是两者的区别在于，牡蛎是先吃后喝，把那银白色嫩嫩的肉用叉子从壳上剥离吃掉后，再将壳中的海水混合体喝掉。因为这一汪水充满牡蛎分泌出来的液体，尽管咸了一些，却纯天然，弃之可惜。

灌汤包则是正好相反，先喝后吃，得小心翼翼用筷子夹起来，在摇摇晃晃中要仔细放在自己的汤勺中，再用牙齿轻轻咬破，其实在咬破之前就要用双唇含住，将里面的汤汁吸吮干净，其间还不能弄破其他地方，否则功亏一篑。即便汤汁流在汤勺中也意味着失败，所以吃汤包和生食牡蛎一样很有挑战性。这时候最考验食客的吃相，那种手上和嘴上的动作，以及身体前倾的配合，有人吃得不仅干净利落，含蓄且无声，还不失风度，有人吃得就很狼狈，汤水四溅，自己仅能吸入一点残汤不说，还可能把邻座的衣服弄脏了。

吃牡蛎也是一样，莫泊桑曾在小说中描写过那个时代法国人吃牡蛎的情景："忽然，他看见两位先生在请两位优雅高贵的太太吃牡蛎……她们的吃法很文雅，用一方小巧的手帕托着牡蛎，头稍向前伸，免得弄脏长袍；然后嘴很快地微微一动，就把汁水吸进去，牡蛎壳扔到海里。"这是一百年前的场景，又是在海边。

现代法国人可以天天享受牡蛎，是因为他们拥有世界上最大的牡蛎养殖场。饭店服务生会端上用具和柠檬等作料，这时候就得一手持牡蛎，另一只手再用专用的短叉子将牡蛎肉挑出送进口中，之前还要小心地将牡蛎壳碎末清除掉，免得入口再掏出影响形象。之后，法国人仍然会遵循几百年的传统，身体前倾，头略微上抬，一口将牡蛎壳中的液体喝掉，这个过程没有任何吸吮的声音，没有多余动作，周而复始，可以接连吃掉几个甚至十几个。

撬开牡蛎则是法国男人的绝活，他们在家里请客吃饭时会事先准备，一手将牡蛎托于掌心，另一只手拿着柄长刀片小的那种特制的专用刀，插入牡蛎相对厚的那个位置，使用巧劲别一下，一撬即开，剔透乳白的蚝肉便露了出来，丰润香腴。如果多撬几次牡蛎壳就碎了,影响口感,而初学者根本不知道从哪里下手,就跟第一次吃灌汤包的食客不知道从那里入口一样。这里就涉及理念上的问题了。

三、饮食理念的不同

在饮食理念上,东西方则有极大的差异,因为它们形成了数百年乃至上千年,耳濡目染,世代相传。就如同中医建议大夏天也要喝热茶养胃一样,中国人对生冷食品有一种天然抗拒的心理。这可能和中国养生文化有关。我认识的朋友晓雁的母亲是其中最极端的,无论在哪里,都会将所有从市场买回的熟食品重新蒸过一遍再吃,甚至从北京带回老家的稻香村点心也得蒸过后吃,还是那种大火蒸锅,想着那些酥脆糕点坍塌在蒸笼中的样子,我就在想:他们恐怕一生中都无法享用冰淇淋了,因为这种东西怎么蒸着吃?

注意观察的话你会发现能热吃灌汤包的不见得会冷食牡蛎,能冷食牡蛎的一般都会热食灌汤包,喜欢中国美食的西方人基本都认同中国灌汤包,喜欢法国大餐的中国人却有很多不能生吃牡蛎。这个差别特别明显,不仅很多中国女士觉得这东西属于寒性的,只能煮熟吃,生吃太原始。一些国人男士也不能接受这种敲开后直接进食的方式。有的国人只能吃熟食,有人只能吃热食,所以牡蛎在中国就出现了各种各样的吃法,炒着吃,蒸着吃甚至煮着吃,而在法国除了一些地区特色餐厅之外,基本上只是一种吃法,几百年都没变过。

吃西餐和学外语一样，缺乏的可能就是那点好奇心。其实我们的胃口和我们的能力一样有无穷的潜力和适应力，习惯是固化了的东西，而追求则永无止境。有时候需要改变观念，尤其在一个开放社会中要有一种开放的眼光，培养一个开放的胃口，那样才能尝百家饭，行千里路，读万卷书，世界就会在你脚下……

第二十讲　不能乱吃的牛排

对于很多同胞来说，一提及西餐就想到牛排，那种粗犷且有诱惑力的肉块，又厚又大，黑乎乎一整块端上来时占据了大半个盘子，和中餐大盘却装小块肉感觉完全不同。

其实，西餐和中餐的区别不只是做法，还有吃法和其背后的理念。比如西餐讲究原始而中餐讲究加工，中餐会将食材加工成适合一口吞入的各种形状；西餐是在食客桌上解决切割问题，而中餐是在后厨案板上解决切割问题，上菜后主要靠牙齿了；西餐讲究原味，而中餐讲究入味，就是将外来味道逼进去形成新的味道，或者将原味发挥得更为出色，诸多种种。

如果具体比较中餐和西餐并举例说明的话，差别最大的就是牛肉的吃法，尤其是我们常说的牛排。在国外餐厅中，牛排是最考验国人胃肠承受能力的标志性食物，也是测验我们对西餐理解的试金石。那么就让我们从做法、吃法和想法这三点说起吧。

一、从做法上看牛排

其实牛排或者说牛扒只是我们的一种统称，西方人在这一点上比我们细致得多，他们更重视分割，就是以一头牛身上的各种部位进行划分，既分出做法又分出价格，其间的差距巨大，大到最好的部位卖出极高的价格，而同一头牛最差的部位则是白菜价，甚至被当成废物丢弃，或者当成饲料，比如美国人不喜欢吃的内脏，长期以来都是如此。中国人则是从牛品种、产地，以及烹饪方法进行区分，同一头牛各部位价格差距不大，有些部位卖钱多，但是其他部位卖钱也不会太少，并且什么都吃的国人觉得牛全身都是宝，不仅吃牛下水，连牛鞭这种西方人羞于启齿的东西都能堂而皇之地端上餐桌，价格还不低。

讲到牛分体切割的话，当然使用匕首一样的尖刀才好，古代中国人讲的"游刃有余"说的也是尖刀的功夫，庄子就说过："彼节者有间，而刀刃者无厚；以无厚入有间，恢恢乎其于游刃必有余地矣。"不过到了现代，国人反而更为粗犷，我们遇到的大多数采用的是砍剁和切割，后厨们用的是大菜刀，农贸市场案板上用的也是大菜刀，经常是一把菜刀干到底，既切又剁，常常是鸡也剁，羊也剁，牛也剁。

西方国家无论加工车间还是后厨，至今用的都是尖刀，长短不同的尖刀会排成一排，基本上见不到中式菜刀。鸡是分割的，猪是分割的，牛也是分割的，那么骨头怎么办？他们是用锯，锯断而不是剁断，之前是手工锯断，之后电锯开始普及，现在西方国家每个分割肉加工车间都标配各种电锯，和尖刀一样不可或缺。那么如何分割，参照物是什么？这点上西方人十分精细，他们绘制出牛的解剖图，各个部位画好区位，标明称呼，一目了然，这就涉及价格和吃法的问题了。

二、从吃法上看牛排

中餐主要讲的是做法，即烹调的方式，而西餐主要讲的是部位，说的是它来自身体哪一个地方。比如中餐中有红烧牛肉、清炖牛肉、水煮牛肉、烤牛肉。这些名堂说了半天都是怎么做好吃，任何部位、任何质量的牛肉都可以做成红烧或者清炖牛肉。当然，我国现代化屠宰加工企业也将牛肉分为里脊（牛柳）、外脊、眼肉、上脑、胸肉、肩肉、米龙、腱子肉、腹肉等，一共十二个部分左右。这些分法只是在火锅店才有人在意，平时大家在意的主要是烹饪方式，尤其是食客。

西餐不同，食客关心即将食用的牛肉来自哪个部位，为此肯支付差异化的费用。西方人画的牛解剖图堪比人体解剖图，只是没有五脏六腑，首先进入眼帘的是大的方位，除了分成前端、尾端、背侧和腹侧四大部分之外，还划分十几个分部，上百个小部位，这些部位的肉块都有名称，而不是简单地分成腱子肉或者胸肉。

如果从头到尾，再从上到下数的话第二层分类的这些部位分别为肩胛（Chuck）、肋脊（Rib）、腰肌（Loin）、后腰脊（Sirloin）、臀肉（Hip）、前腿（Shank）、前胸（Brisket）、胸腹（Plate）、肋腹（Flank）。之后是第三层分类，基本上就是和厨房有关了，既有臀盖、后腿肉这样的好理解的叫法，也有什么和尚头、米龙甚至黄瓜条这类让人摸不着头脑的名称，总共上百种，都搞清楚是不可能的。

不过对西方人来说，一头牛最好的部位就是肋脊、腰肌和后腰脊，按照顺序就是从后背到屁股之间的脊肉，它们都位于牛的脊背部，都是牛身体运动量最小的部位，因而是最嫩的部位，其实就是我们所说的里脊肉，国人觉得里脊肉前后都差不多，适合做牛柳，属于家常菜。

西方人对牛脊肉情有独钟，在解剖图中已经将其分成三部分，这还没完，这三部分又细分为几个小部分，而这些小部分就经常出现在西餐中的菜单上了，而且是菜单中最贵的那部分，至少在肉类主菜中是这样。

经常在餐厅吃牛排就会知道肋眼牛排（Ribeye），这就是肋脊位置；大块带T形骨头的牛排就叫T-bone；西冷牛排指的是后腰脊（Sirloin）；菲力牛排（Filet）也是牛里脊，其位置叫Tenderloin，直译就是软牛柳，它和T骨牛排就隔着那块T形骨。T形骨两侧的肉一边大一边小，大且稍肥的一侧是西冷，小且稍瘦的另一侧是菲力，如果将这块骨头两侧同时烧制则为"豪情一大块"，叫作Porterhouse，国人翻译成红屋牛排。在北美，牛排都是这样划分的，肉体分割时这样叫，上菜时也这样叫，简单明了，因为所有做法都是一样的，那就是烤制。

当然如果去欧洲比如法国的话，那里有改良版，肉块分得更细，名字也起得五花八门，比如有一种比较著名的肉块叫作夏朵布里昂，和近代文学史上那个大作家名字一样。关键的是，法国人将肉切成较小块，而且以煎制而非烤制为主了，煎制就是用油在锅里煎，而美国大部分餐馆则仍在火上烤。比较起来，法国人的牛排虽然精致，美国人的牛排更香。原始的烧烤方式带来的味觉体验在牛排这道大餐中发挥得淋漓尽致。牵动我去纽约的一个动力就是牛排大餐。

三、从想法上看牛排

至于想法或者说理念上的不同，就要讲到熟成（aged）和多汁（juicy）。熟成有点像国人对猪肉的排酸过程，而牛肉的熟成分成干法和湿法，干法熟成（dry aged）则更为考究，因为其需要时间空间而且降低了肉的分量，这种方式就是将切好的巴掌大的牛排放在恒温室内通风晾着二十八天左右，去除多余的水分，并让肉稍微有些变质甚至出现薄薄一层霉状菌，就跟红酒开瓶后需要在空气中氧化一段时间喝口感最好一样，这时候烤出来的肉外焦里嫩，黑红相间，鲜嫩多汁。

这其实是在说，西方人眼中最好吃的牛肉并非中餐讲究的鲜牛肉，竟然是有些变质的！而且，这时肉不能烤得太熟，三分熟到五分熟最好，端上盘切开后要有外面焦黑、里面鲜红，用叉子压着会有血水流出的那种状态，这个时候放在嘴里，你才会明白什么叫大快朵颐……这才是吃牛排的真谛，也是西餐和中餐的根本区别之一。

而对于许多国人来说，这样吃饭就太原始了！因为我们农耕文明中吃肉时的一个标准就是不能有血丝，那是没煮熟的标志，是最基本甚至原则性问题。在我们的理解里，一个餐馆做饭有好有坏，评判中的主观因素很多，众口难调，但是至少要做熟才对吧。那么西餐理念就告诉你，对于某些部位来说，不做熟才对！

不少国人朋友事先说好去吃西餐，还点名要牛排，结果一上来就惊呼太大，见到血丝就立即放下刀叉，有的说见到血就晕，食欲马上就消失了。想想看吃完后盘子里遍布血水，对我们吃什么都要热食熟食的人来说是挺吓人的。

这时候吃牛排切忌不要切成小块堆放起来，而是吃一块切一块，吃多少切多少。如果将一大片牛肉切成众多小块后，它会迅速变凉，味道会流逝，温度和口感就没有刚切下来时好。这里就涉及中西方饮食文化差异了。

在中国，我们习惯在后厨就把肉切成小块来吃，于是就有熘肉片、炒肉片、鱼香肉丝等佳肴，这些肉上来后一口就能吃进去，即便是肉块大的红烧肉也能一口吃掉，所以我们的菜用筷子夹就行，之后就是牙齿解决问题。西方人相反，无论吃什么肉都是一大块上来，牛肉是一大块甚至带着骨头，有的比人脸还大；鸡肉也是一大块，或者鸡胸，或者鸡腿，都是一整块，于是他们需要刀叉，将肉块切成小块再放入口中，就像蒙古人吃手抓肉一样，别人切和自己用刀切下来放到嘴里的感觉是不一样的。

所以说关于吃肉这事，中国人是在厨房中解决问题，而西方人是在盘子里解决问题；中国人是用牙齿解决问题，而西方人是用刀叉解决问题。牙齿有牙齿的优势，刀叉有刀叉的用法，各有千秋。

用牙解决问题，吃得直接，吃得痛快，吃得香。使用刀叉就跟使用筷子一样是人类进化的表现，它把牙齿的功能做了分解，也使得吃饭这个人们天天都在从事的行为更加赏心悦目。

　　同样是吃饭，有人吃得狼吞虎咽，有人吃得悠闲自得；有人吃得杯盘狼藉，有人吃得整齐干净；有人吃得粗鲁，有人吃得优雅。既然有选择的权利，为什么不学习后一种呢？

CHAPTER 4 第四章

关于日常，你不了解的点

第二十一讲　主随客便客随主便

在国际交往中免不了请客吃饭、去家里做客、结伴出游，这些都是增进了解和感情交流的方式，那么招待客人应该遵守什么规则？于是就有"主随客便"还是"客随主便"的问题，也是你自己的生活方式和饮食习惯愿不愿意坚持、能否坚持的问题。这个问题考验请客和做客双方的情商和忍耐力，表现得好双方皆大欢喜，表现得不好则尽显尴尬，自己难受不说，让别人也不舒服。

比较一下做客习惯的话，东方人比如说中国人相对含蓄，不会直接提要求，习惯于客随主便，比较拘束，给什么吃什么，不愿意吃的食物也不说，但最终可能会浪费在那里。西方人尤其是美国人喜欢直来直去，想就是想，不想就是不想，基本上是主随客便。法国人则处在中间地带，既讲礼貌，原则性也没那么强。

一、杀鸡问客的习惯

究竟是客随主便还是主随客便，有个我家乡的例子比较有说服力。在很长时间里，东北人有句话叫"杀鸡问客"，意思是招待来访的客人，问他："杀一只鸡给你吃吧？"因为在以前食物匮乏的年代，鸡在主人家都是比较值钱的，杀一只少一只。所以客人常常会说"不必不必，随便吃点就好"，有的主人顺水推舟就真的不杀鸡了。于是客气话说了，鸡也幸存了。

这种做法在东北被人议论甚至耻笑，因为它是一种不够大方的行为，如果诚心实意的话，哪有杀鸡前还问客人的道理！按北方人尤其是东北人的理解，正常举动应该是不管三七二十一先把母鸡杀了，直接上桌让客人享用。这叫客随主便，主人要尽显大方热情好客才有面子。而不能"主随客便"，他说不杀就不杀，如果对方仅仅是客气一下呢？尽管可能杀鸡之后，才知道客人是个素食者，或者说那家伙不喜食鸡。

相比我们这种待客心态，很多西方人有"杀鸡问客"习惯，问一下你想不想吃，你客气一下说不必了，他们就真的不杀。因为既然你已经说不，他们觉得强行杀鸡上桌反而是对你不尊重。

我在巴黎工作期间，经常被法国人杀鸡问客，之前因为固守自己东北人的习惯，客气过，谦虚过，当然也吃亏过。本来刚去巴黎那几年是我们的黄金时代，因为来自中国内地的投资公司只有我们一家，和我们合作的还是欧洲最古老的投行，双方商业品牌都很响亮，因此请客吃饭这种事就很多。

法国朋友约请之前习惯问我们想吃什么，哪类佳肴，甚至可以指定哪一家餐馆。为了不给对方添麻烦，不想让他们增加费用，我们经常选择平淡普通的菜品，大多数情况下将这个任务推给对方。结果后来才发现原来他们有准备也有预算，也希望借着请我吃饭的同时自己也趁机享受一下，过于客气反而坏了他们的好事。

二、入乡随俗的必要

就像上面的例子似的，内心深处不仅是我想吃，对方也想吃，还不用自己掏钱，何乐而不为？所以学会入乡随俗，揣摩对方心理是必要的。其实我对西餐尤其是法国菜一直情有独钟，也喜欢去不同餐馆变换口味。但如果是私人关系请吃饭的话，我当然会挑那种物美价廉，又不用走远的的餐馆，尽量不让对方破费，毕竟大家挣钱都不容易。

我在法国工作还好，意识到自己太谦逊了还可以改正。我们当时在美国的同事担任股东代表，那种类似董事长的职位，领导几百号美国人，有一次去美国朋友家做客，饭前被主人问喝什么饮料，他客气了一下说"谢谢啦，先不用"，结果美国人真没给他递来饮料，他在很长时间只好渴着和大家应酬，手里没有任何饭前象征性的东西，而其他所有美国人都在那里把酒言欢。之后他在多个场合跟我们提及此事，作为与外国人交往的典型实例。多少年过去了，我们自己以为早就国际化了，实际上还是可能会犯同样的错误。

我在巴黎工作期间经常接待国内各路人物，有一次接待的公司领导是经叔平老先生，他曾任全国工商联主席，在国内工商界备受尊重。他当时已七十几岁高龄且不会讲法语，但在巴黎乘坐地铁来回毫无困难，还自己一个人跑到我办公室，不让我去接。吃饭闲聊时他说起自己和英国前首相希思的一件糗事。

希思是撒切尔夫人之前的英国首相，对华友好，下台后经常去北京，在那个年代的中国大名鼎鼎，与我服务的中信集团关系密切，也和英文好的经老成为朋友。有一次夏天气温高，去英国访问的经老参加一个晚会前特意问希思是否需要穿戴西装领带，希思说你随便。于是本来不想冒汗的经老就顺着说那我就便装了，希思回答：没问题，我也和你一样便装。结果到了现场，经老发现所有人都是正装，还非常正式，只有他和希思是便装，显得特别扎眼。尽管希思具有骑士般精神义无反顾陪着经老，也倍感尴尬。几年后提起，经老是让我这个年轻的海外代表不要视其为小事而不加以注意，因为对方评价你时常常从细节说起。

三、各有千秋的风俗

晚会和聚餐都是非常普通的交流形式，既有社会风俗也有个人习惯。到什么山唱什么歌很重要，凡事从别人角度考虑也很重要。这是群体化的需求和个性化的需求之间的关系。东方文化讲究前者而西方文化特别关注后者。社会长期形成的风俗当然应该尊重，个人多年养成的习惯也要宽容。两者最好并行不悖，在宽容个人习惯的基础上尊重社会风俗，而非一定要整齐划一，无论是个人之于群体还是群体之于个人。

从这一点上看，无论我们文化中的客随主便还是西方文化中的主随客便都有各自的道理。这两种文明进化到今天发生碰撞时不好说彼此的优劣，而是各有千秋。西方人即便在家里也不会硬塞给你你不愿意要的东西，不会频频劝吃劝喝，不会比拼酒量，因此一般不会造成主客酩酊大醉的情景，也就少了很多尴尬。

比如边吃边听讲演在今天是个常见的事，而同桌上可能碰到不同国家不同习俗的嘉宾。在国内，大家常常在一盘盘菜上来时还正襟危坐，一副神情贯注、认真听讲的样子，眼看着一桌美味佳肴从热变凉，直到某一桌突然开吃，大家才如梦初醒般一起动筷。

在西方国家会议上，同样面对一盘食物，法国人会习惯性地先手撕面包放在嘴里，吃菜之前不忘和旁边的人打声招呼，建议一起吃，而美国人则会径自拿起刀叉边听边吃，虽然也是宾客，但在这种场合就跟主人一样，对他们来说无须有什么仪式。中国人则一直把自己当成客人，但是这种场合始终不会有主人来招呼大家，到了最后还得主动一点，自己动筷。

比如我们曾经习惯于用鱼翅、燕窝这些山珍海味招待贵宾，以为这才是待客之道，用我们审美眼光中最好的食物宴请远道而来的宾客，后来发现人家根本不领情，尤其是西方国家的客人，他们反而会抨击这种铺张浪费的行为。如果遇到动物保护主义者则会拒吃，遭遇尴尬。

中国人讲的"客随主便"的本意是客人完全依随主人的方便或安排而行事，是一条传统的主客相处的潜规则，它体现了作为客人应有的气度和文明；西方人讲究的主随客便，则体现了其追求个性化的理念，尊重他人习惯，是另一种待客之道。不管怎样，既然作为主人，应当尽量考虑到所请客人的需求和方便，而不是动不动就奢侈而浪费，就像过去有钱人家来客人都要显摆一样，人家不想吃鸡却非得给人家杀鸡……

第二十二讲　不要把小费当施舍

经济发展到了一定阶段时,原本奢侈的旅游就会成为很大的一块消费市场。面对国内景点一到假期就游客爆棚、车站机场拥挤不堪、高速公路成了停车场这些问题,越来越多的人将目光转向了国外,改为出境游,于是就有兑换外币的问题,就有了小费这种在国内不是问题、在国外就是问题的问题。

一、手中要常备零钱

银行在进行外币兑换时只给美元或者欧元大额纸币,不给小额纸币和硬币这类碎银子,东西方无论哪个大一点的银行都是如此。他们搭不起人力成本,没那么多功夫跟你兑换小钱,出国前买外币时买不到,回国后想出售外币时人家也不收,因此这些碎银子得自己收集,自己保存,最好在回国前尽量花掉。

于是问题就来了,出国后人们发现西方有些纪念品店不愿意收大额纸币,因为社会上没有使用大面值现金的消费习惯,人们用得少因此对钞票的真假辨别能力就差,西方人也没有像在中国商铺随处可见的假币识别仪器。带小孩的游客在街头吃个冰淇淋,买个气球玩具什么的都有可能,这些都需要零钱。

当然,你可以说这些属于可花可不花的消费,没零钱就不买。

那好，在巴黎街头突然想上公共厕所呢？在街头停车，需要向路边的计费机里塞硬币呢？乘坐四通八达的公交车呢？林林总总。在高级酒店门童拉开车门也要支付小费，至于把行李运送到房间，那更应该支付小费。如果说在酒店不想支付小费仍然可以入住的话，那么在街头没有硬币上不了厕所就会难倒游客，没有硬币支付停车费就无法离开，这时一块钱难倒英雄汉。

国人常常忘记支付小费，因为在国内被服务一般不用给小费，比如国内酒店送行李去房间是个普遍现象，高级酒店的门童都会提供此服务，行李运到房间后大家都忙着整理自己的行李而忽略了门童的服务。在西方国家如果接受了这个服务，就要记得支付小费，一到五美元不等，根据酒店档次和自己身价不同，一定要付，不能只是说声谢谢了事。如果事先没有准备，只有大额钞票的话就会比较尴尬，支付小钱没有，大钞又舍不得给人家。

当然，没有零钱或者不想支付小费最好避免这种服务，在门童过来问是否需要帮助拎行李去房间时就要婉言谢绝。我就经常自己拖着行李去房间，不要那个排场，既然有力气将行李拖到酒店，就有力气将其拖到房间。而且西方门童虽然殷勤却经常效率不高，做事慢吞吞，如果碰上一帮人的行李同时上楼还会搞错房间和人名，让客人等半天，比自己拿复杂多了。这种小费其实是可以避免的。

二、心中要常怀感恩

我们的传统中没有小费文化，人们相互帮助全凭自觉。改革开放后这四十多年市场经济逐步深入，一些人的感恩之心却没有相应提高。旅游胜地印尼巴厘岛的导游告诉我说，中国人购物时出手大方，给服务人员小费却很吝啬。而西方游客购物兴趣一般，给小费往往比较慷慨，加上很多西方游客礼貌安静，所以当地喜欢接待西方人。

服务有价，尤其是单独提供的服务，表示一下就理所当然。给小费有时候是礼貌，有时候是感激，有时候是必须。比如问路、请求安排出租车这类事给门房或者酒店礼宾部小费就属于礼貌，不想给也行。若是对方帮大忙了，就得有实际行动。这样来说，受益者得分清上述几种情况，以便付出足够的代价，自己满意的同时，也让对方知足。

一般来说，在西欧，比如法国等地给小费常常出于礼貌，而在美国则属于必须。无论出于礼貌还是属于必须，这些小费都是可以估价、可以计算出来的，比如在巴黎餐馆给小费只要留下碎银子就好，也就是说拿出一百欧元支付账单，被侍者用盘子找回两三个欧元硬币的话就径自留在盘中，拿包走人即可。法国侍者会感谢你，觉得你很慷慨。

但是在纽约餐馆吃晚饭（除了汉堡、比萨、肯德基这类快餐店和自助餐厅）支付一百美元被找回十美元，将其留在桌上后走人的话则会遭人暗自咒骂，因为太吝啬，不懂规矩。在纽约餐馆吃午餐的小费已经涨到15%~20%了，晚餐则到了20%、25%、30%甚至更多。其实我们接受的是同样的服务，西欧人的服务不比美国人差，他们同为西方人，服务意识和礼貌待人的习惯是一样的。美国人习惯如此，你只能入乡随俗，如果不想丢面子的话。

三、在外会化解麻烦

不管怎样，有时候出于感激也会给小费，这时候的小费不好计算，纯粹出于受助程度和感恩之心。

2018年下半年在瑞典一家酒店，深更半夜时中国游客黄佳一家人因为提前十几个小时到达，要求在酒店大厅休息，先被优待，后被赶出来的事件发生后，大家都在讨论原因和当时可采取的各种解决方案，因为瑞典一直都是个与人为善的国家，很少发生像美国警察过度执法那种情况。

在网友探讨的各种方案中，唯有一种方式没有得到关注，那就是在事情没有激化时可以用小费解决。因为最初瑞典酒店服务人员还是很人性化的，把大厅灯光调暗以便让早到十几个小时的中国游客一家休息，已经相当配合了。这时候应该有所表示，投桃报李，给几十元小费或者送个中国礼物，是给其个人，是对私下服务的一种赞赏和奖励，并不是给酒店的。

小费的金额对酒店是九牛一毛，而针对个人则是不小的数目，反过来，服务员可以利用酒店的资源，用老板的电费水费以及大厅报答你，双方各得其便。小费是润滑剂，小费是减压器，它有时神奇得像汽车用的机油，既可以缓解设备之间的摩擦，又可以冷却发动机系统。想想看：如果没有机油，摩擦加剧，温度升高，这辆汽车你还能驾驭吗?

同理,当人家表示友好而你毫无回应时,就会被认为不懂规矩,不知道感恩,事情僵化后,想感恩已经来不及。因为每个人都是有尊严的,这种尊严常常金钱买不来。之前的小费是对其尊严的一种感激,一种尊重。冲突之后的小费则是对其尊严的挑战,是一种买通,一种交换,感觉不一样,应对方式当然就不一样。

如果在获得关照后,友好地塞给酒店前台服务员五十欧元小费,那会是什么样的结果?小费不是贿赂,我们都知道北欧国家非常廉洁,那指的是官员、行政人员、教育工作者,服务人员接受小费是对其工作的奖赏,和贿赂不是一码事。那一晚上酒店房租也要至少一百多欧元吧?相比之下五十欧元只是一半不到的代价。所以小费在这时是神奇的催化剂,可以将紧张变成轻松,将无助变成有助,将不可能变为可能。

当然,小费还要给得巧妙,给得自然。小费不是施舍,不是往流浪汉摆在街头的帽子里扔钱,小费是一种友好的赠予,一种对额外服务的奖励,是两厢情愿,一个愿打,一个愿挨,其金额可大可小,换来的将是将心比心,所以要给得真诚,拿得安心。给者要有风度,拿者要有尊严。

最隐蔽的给小费方式是在事情办完,或者问题结束离开时主动握手,将事先准备好,或者说藏在手中的钱通过握手隐蔽地交给对方,这时候一定得是纸币,金额大小根据所获帮助而定。

双手相握,四目相对,精神和物质的传递就在神不知鬼不觉中完成了。想想看：如果一个凌晨，在没有客人往来的酒店对所受优待表示感谢，真诚地通过握手将五十欧元的心意传递过去的话，还能遭到被驱赶的侮辱吗？

第二十三讲　住酒店养成好习惯

越是公共场合越考验人的修养和教育程度，因为在私密空间做什么都行，在公共场合却不是。在自己家里可以尽情干任何事，甚至丑态百出都不会被人厌恶，在公共场合则需要约束自己的行为，毕竟那种不言自明的处事方式和行为习惯即使没人告诫，它也在那里。

一、出行中低调周到

酒店这类住所无论在哪个国家，虽然从产权上讲可能完全是私人财产，但是按其经营性质也算是公共场合，越好的酒店设备越齐全，服务越好，这意味着你不可以为所欲为，就如同吃高档自助餐不意味着你可以随意浪费一样，尽管你花了那份钱。

而一些人习惯了伺候领导，等级和阶层的意识明显，对貌似贵族的人表现得恭敬有加，但是对待服务人员会心里想"他不就是干这个的吗"。因此一些人出境游住酒店时表现得就不尽如人意。特别是在马桶冲洗、毛巾使用、拖鞋摆放和房间整洁这些细节上。

一个人如果从小就在父母教育下养成整洁的习惯，长大后无论走到哪里他都会保持。比如法国人到朋友家做客，用过洗漱间后会将洗手盆擦拭干净，男士会将马桶坐垫抬起来再解手，免得在上面留下痕迹，万一他们弄脏地板了，他们都会蹲下来拿手纸擦拭干净。

当然，酒店卫生间要好多了，入住之前被彻底清理过，越好的酒店清理得越干净，甚至没有死角。而且越好的酒店毛巾越多，有洗浴后裹在身上的大毛巾、洗脸的小毛巾、洗手的方巾，加上铺在浴盆下的地巾，还可能有备用的，这些还经常乘以二，因为都是为了两人用准备的，所以一个好酒店纯棉毛巾就很多。

二、用毛巾考虑消耗

作为酒店客人，你有权将这些毛巾都使用一遍，第二天让服务员再换一套新的，但是你也可以只使用其中一部分，几天都不换。

我当然知道披上厚厚的纯棉睡衣舒服，我当然知道游泳后马上用毛巾擦拭干净感觉好，但是我也能出水后直接去淋浴洗澡，避免使用大毛巾和睡衣，我只用手帕那样大小的毛巾擦拭身体，达到差不多的效果，其他的毛巾基本不动，退房时只需换掉最小的毛巾。同样，我去理发店剪发后会洗头，开始都是凉水，放一会儿才是热水，看着那些自来水白白流走，我会跟理发师傅说不用等热水，凉水洗头也行。之后我不用吹风机，也不让理发师吹干头发，甚至不用木梳，只是用手将头发撸平就直接出门。即便冬季，出门凉风习习，又不戴帽子，头上凉飕飕的，也没觉得怎么样，只要习惯就好。

当然我也不会指责那些穿着睡衣直接去游泳池的客人，他们习惯躺在铺着大毛巾的躺椅上玩手机，下泳池游两圈还要再用个毛巾擦拭干净。有的客人分段游泳，上岸一次擦拭一次用一次新毛巾，那种一人高又宽又厚的毛巾。看着这种人我会想：他如果外出度假在海边游泳时会怎样，带上家人同在沙滩上会怎么样，难道会带上一整箱毛巾备用？还不是一条毛巾擦到底，回房间再彻底洗澡吗？

游泳池服务员在辛勤更换躺椅上湿毛巾时虽然不会直言批评这些人的行为，但他们会赞许我秉承环保理念的做法，还会特意送个水果过来表示感谢，也有的偷偷向我抱怨之前的顾客竟然用掉三个大毛巾。享受之心人人有之，奢侈的欲望时时在诱惑你，我也知道在躺椅上是一种放松，我也知道用大毛巾擦拭身体干得快，如果想奢侈消费甚至浪费的话是不需要任何借口的。

仔细观察的话，你会发现近十几年来在一些全球连锁酒店中，管理者会在房间里放张精美卡片，提醒刚办理住店的客人将用过的毛巾放在固定位置以便工作人员收走，没有用过的就不换了。

三、住酒店想着环保

在环保人士的努力下，西方国家过度消费的做法被抑制，有些国家开始推行限塑令，有的国家限制生产一次性的日用品，包括酒店拖鞋，这也是某些人最为浪费之处，有人甚至出差度假中换一次酒店扔一次拖鞋。如果他们细心一点，环保一点，就会发现这些拖鞋可以持续使用很长时间，尤其是那些好酒店提供的厚厚的拖鞋。

至于那些质量较差的拖鞋，我甚至不会开包，宁可不用。当然，我会长期准备一双拖鞋备用，其中有一双从澳门酒店带回来的一次性拖鞋竟然用了八年还没有坏，当然也不过是在酒店里用用而已，每年都要出差度假很多次，至少几十天、上百天时间。其间也会有忘记带拖鞋的时候，那时我会将用过的拖鞋带回家，继续用，因为它留在酒店就会被当成一次性用品扔掉，白白损失资源。

其实不只拖鞋，酒店还有牙具、浴帽和刮胡刀都是一次性的，可以用一次就扔掉，却也可以反复使用几周甚至更长时间，你会做何种选择呢？

就我自己的长期习惯，进酒店第一件事往往是挂上"请勿打扰"的牌子，并非不想让别人进我的房间，而是不愿意换床单，不愿意被铺床。对我来说，住酒店那几天换床单，尤其那种晚上还要进来铺床的规定动作完全没有必要，床是用来睡的，皱一点乱一点，只要自己舒服就好，而且还有自己私密的空间。

我这样挂上"免战牌"，也不用给小费，对人对己都好，是一种双赢。更关键的是我环保了，制造的垃圾很少，因此不必天天收拾，被单也是，我不相信人们在家里会干净到三天换一次被单。将一间客房里的被单、床单、枕套洗净漂白一次会占满整个家庭洗衣机，再加上所有毛巾、睡衣、脚踏巾，想想将会消耗掉多少水、电和其他资源？

每次我和清扫人员交代两三天都不用打扫我房间的时候，她们都微笑着表示感谢，因为挣同样的工资，却少干很多活，她们自己也觉得舒坦，这点国内外都是一样。我看到她们都是发自内心对我的环保理念表示赞同,有的清扫人员还特意多送我几瓶矿泉水,由衷说要是其他客人都像您一样就好了。

  酒店是公共场合和私密空间的结合部,它既为公众提供休息场所,也保护隐私,在这种地方表现全凭自己,用世界性语言来说住酒店测试着一个人的修养,用我们的习惯说法则是检验着一个人的觉悟。

第二十四讲　学会适应传统生活

本来我们国家留学生去的都是西方国家,看到的是一种全新的环境,接触的都是新鲜事物,碰到的都是陌生人,为什么说"出国留学要适应传统生活"?难道要回到以前的农耕时代,或者过那种日出而作、日落而息的日子吗?没错,是有点这个意思。如果你已经熟悉了国内近几年在年轻人中流行的生活方式,比如购物去网购、出门不带钱拿手机支付的话,那么你应知道这种生活节奏只出现在目前中国,而不是西方世界任何一个国家。如果你觉得这就是现代、这就是生活的话,可能就真的错了。

一、国内支付不代表国际支付

网络购物越来越流行于这个世界,它源于互联网的出现,源于互联网的普及和深度运用,源于美国。美国也曾经是世界上最大的网络购物市场,尤其是图书销售,但是没有几年就被中国迅速赶上。现在中国成了世界上网络购物的最大市场,所销售的内容也今非昔比,不仅图书,简直什么都能卖,小到耳塞,大到空调,无所不能,网购成了中国年轻人的最爱之一。

究其原因主要有以下几点:一是便宜,比实体店折扣多,毕竟实体店铺要支付场地费和人工成本,而这些都要摊到商品价格上;二是方便，不用大老远跑去逛店，足不出户，即可送货上门，并具有完善的售后服务，手指动一动，东西就买到了；第三也是最令人心动的一点——迅速，说什么时候到就什么时候到，甚至说几点到就几点到，有的外卖平台甚至承诺超过几十分钟菜凉了的话就百分之百退款。

但是这些网购的中国优势到了国外就水土不服，尤其是最后一点，快变成了不快。即便在网购十分发达的美国，试试在亚马逊网站购物就知道有多慢，到货时间有多么不确定。想快也行，加收二十美元，而有些小件物品售价都不到二十美元。

美国有世界上著名的快递公司UPS和后来的EMS，他们的快递服务保质保量，也是最早用私人飞机进行投递的。

事实上快递公司游离于正规邮局之外成为一种新型邮寄方式也产生于美国。他们可不是中国满大街骑着电动车风雨无阻满街跑的快递小哥，而是不支付高价就不出勤的快递大爷，是开着专门的车辆送货的。西方国家企业营业成本中最高的部分是人工成本，国内那种十几元人民币送个快递在美国就是个神话，还不够支付个小费，还是那种拉个车门或者整理房间这种简单服务的小费。从这一点说，想象着出国后网购和国内一样方便的话，幻想就会落空。

如果选择去欧洲留学，可能要应对更传统的生活。比如法国人对网购热情就不那么高涨，不仅送货速度不快，而且网购没有感觉。因为对他们来说，逛街不见得要买东西，看着花花绿绿、琳琅满目的商品就是一种享受，如果都沉浸在网上，坐在电脑前，则剥夺了这个享受。

二、网络购物不代表橱窗购物

西方人有一句常用语叫作window shopping,就是指那种逛而不买的精神状态,甚至只是从橱窗外看看就满足了,对没钱人如此,对有钱人也是如此。而这种状态要是网购很难达到,一定得到实体店去。而且,西方国家行政机构并不支持这种销售形式,就跟多年前他们限制大型超市建在闹市,人们买东西只能去郊区一样。因为这样大商场不仅影响交通,关键是造成大量失业,而就业率高涨是一个国家经济向好的重要标志。

想象一下,如果巴黎大街上没有了香气扑鼻、四处可见的面包店,那这个城市还能像现在这样迷人吗?实际上,法国人直到现在仍然坚持天天去街头食品店购买食物,尤其是主食法棍,法国人自己都说很难想象一个没有面包店的巴黎。

同样传统的还有支付手段。出国留学需要购汇,大笔外汇可以电汇,小额外汇最好随身携带。如果说作为大钱的外汇能比较容易得到的话,那么作为小钱的外汇反而不容易获得。想想看,你在国内很少能找到一美元的纸币或一欧元的硬币,而这些又是出国旅游和留学必不可少的一部分,并且是一旦到了国外就可能立即需要的那部分外汇。

比如说下了飞机打出租车需要支付小费,比如从机场去市里最方便的是乘坐地铁,却找不到出售地铁票的人工窗口,因为当地旅客已经习惯在自助售票机上用硬币或者小额纸币购票,而这正是腰包中鼓鼓囊囊怀揣大量现金的中国游客所缺乏的。转过身四处看一下，就会发现周围大部分人工窗口出于成本考虑已经关闭。那时候你会叫苦不迭，为西方国家支付领域的落后而心生不满。

我本人在法国生活过多年，号称"巴黎通"，还是避免不了这种尴尬。有次飞抵巴黎是早上五点多，心想这次乘坐地铁进城不会拥挤，下了飞机发现碰到了巴黎交通领域大罢工，不仅出租车叫不到，地铁也只有一小部分在运营，结果机场各处都是拖着行李的旅客。

我知道罢工是西方人尤其是法国职工的一种常见的诉求手段，他们就是要造成社会混乱，绑架无辜者以便达到自己的目的。但是我没有料到正常情况两个小时都用不了的路程那次竟然花费了我五个小时才到达住处。其中大部分时间是在排队等候。

我先是排队等候去自助售票机购票，其间看到人工售票窗口和问询处都因为罢工而关闭，花了将近一个小时排到后又发现机器只接收二十欧元以下的纸币和硬币，我手上的硬币不够，纸币都是五十欧元的不能用，随身带的信用卡是国内银行和美国运通信用卡联合发的，虽然带有银联标志，但只能在免税店里购物，而几乎所有法国自助售票机都只接受法国人自己发的借记卡和带有Visa标志的卡，其他信用卡也不接受。周围人都为小额零钱犯愁，所以我也换不到，于是我这个曾经的巴黎通也只能望洋兴叹。

三、二维码替代不了当地卡

在中国人以手机扫二维码支付各种费用的今天，到了西方社会，你才发现这种事情就跟天方夜谭一样。微信和支付宝是中国电子支付的两个主要平台，这两个网络巨头几乎掌控了国内所有的手机付款交易。微信支付尤其受欢迎，因为几乎每一个有智能手机的国人都用微信，人数有十几亿。可是在北美和西欧这些国人常去留学和旅游的地方，国内微信用户们就没办法享受这种便利了，虽然国际版的微信也带有微信钱包的功能，但是只能收钱，不能自己给钱包充值。

究其原因很简单：微信钱包只能绑定中国的银行卡，而不能绑定西方银行卡。这里面有行业壁垒，有国家管制，也有价值观的问题。即使某些西方大银行有意与微信合作来拓宽他们的业务渠道和收入来源，他们也必须先寻求当地政府的批准。但是当地政府可能不予批准，就像他们多年前不肯批准中国的银行在其领地设立分行一样。僧多粥少，他们不想让新来的竞争者争夺现有的饭碗，一旦涉及金融管制，事情就变得复杂了。

西方人有自己的国际支付平台，那就是Visa。作为1959年就在美国成立的支付平台，Visa在全世界的地位六十多年来仍然无人能撼动。

而我们的支付平台无论是微信还是支付宝，都属于借记卡那一类，支付的都是自己预先存下的钱，如果余额不足就支付不了。

信用卡支付则是只要你购买的金额在授信额度以下，花多少钱都可以。用人家的钱办自己的事，这可是个巨大的优势。

因此美国人就会说：既然可以用信用卡先行支付，为什么还花我自己的钱？

所以，出国留学不要以为自己将要过一种现代生活。大部分西方国家在某些方面确实现代，在某些方面却很传统，有时候他们传统得让你无法理解。你必须学会适应这种状况，出国前还要做好充足的准备，而不是异想天开地用国内思维来考虑西方生活。

第二十五讲　养儿育女榜样力量

前面那么多篇文章都讲到国人需要在为人处世方面有国际化的视野，也经常举出法国人的例子，那么这一讲就直接说说法国人养儿育女的教育方式，给大家一个实际例证。

路易是个中法混血的男孩子，皮肤白里透红，像能挤出水一样嫩，再加上亮晶晶的大眼睛，人见人爱。实际上，法国孩子小的时候都是这样又白又嫩，无论男女，就像一棵棵鲜活的小草。我再次见到他时是在昆明翠湖旁庄重肃穆的云南大学原校长熊庆来的故居。云南大学是昆明最值得看的景点，那里有进门就让人惊叹的九十五级台阶，有厚重的教学主楼和钟楼，有绿树成荫的海棠苑，有令人回味的明清学子贡院，有闻一多做最后讲演的舞台，当然最让我感动的是熊庆来故居，因为有其后人专门为我们讲解。

当时这孩子也只有十岁多，在国内正处于那种不能在一个地方久待、淘气到连狗都烦的年龄。别人问他多大时，他总是回答说，十岁快十一岁了。不只对我，对其他人回答也是这样，看上去就是想快快长大那种心情。我们一起相处只有三天，却感触良多，从他那里我看到了：自尊、自立、自强。这三点正是国内同龄孩子应该学习的。

一、自尊是一种习惯

和路易相处的那几天我深感自己被边缘化的程度,带着他走在当地知名的中信嘉丽泽度假园区,沿途无论在哪个地方,或是运动场所或是餐厅,或者是那种国内常讲的教育基地,他都是备受关注的对象。作为云南省会,昆明地处高原,海拔将近两千米,日光充足,当地人皮肤晒黑一些属于正常,女孩子也是如此,于是路易皮肤的白嫩就比较突出。

发现这一点后每次经过各种前台时我都是眼睛瞄着那些忙中偷闲的小姐,她们则含笑争看路易,总想搭个话什么的,对身材魁梧的我视而不见,而后脑像长了眼睛的路易则腼腆地注视着前方,我们三者之间的三个观测点永远连不成一条直线。当然,他目不斜视的态度也错过了好多场景。因为转瞬之间,那些前台毫无表情的美丽面孔马上转过去成了一张张笑意盎然的脸,就跟川剧中的变脸那样。路易知道自己是众人瞩目的中心,他沉默应对,谨言慎行,对搭讪的人彬彬有礼,有问必答,汉语发音还挺标准,时常给父亲当个翻译。

只是绝大部分时间,路易是和我们大人在一起的。我因为多年没有和孩子在一起,所以不太会主动和他们交朋友,但是路易似乎很喜欢和我在一起,表示要跟我游泳、打球甚至训练射击。游泳时路易自己熟练地收拾泳装、泳镜、毛巾,脱衣戴帽,从容自如。

路易父亲老皮大高个,典型的白人,老来得子,却不纵容溺爱，我看到他一直在提醒、教育自己的孩子，不应该这样，不应该那样。不让他摆弄碗筷，不许他在大人说话时没礼貌地打断别人说话。老皮是个巴黎法官，教育儿子尊重他人时不愠不怒，不威胁，当然也不会打他，但是坚持原则，不行就是不行。有时我都有点同情路易，因为他在一个连狗都烦的年龄，能够坚持坐在那里不吭声地和我们这些大人一起吃长时间的晚饭，花几小时参观一个他什么都不懂的中国西南教学历史展室而不闹不叫这已经相当不易。

本来我还安排了一次射击训练，在一个漂亮的靶场，所有人都可以摆弄枪，这对孩子是个很大的诱惑，但是老皮出于安全考虑坚决不让他碰枪，本来异常兴奋的路易坚持了几句后知道没有希望，就扭过头默默哭了，没有吵也没有闹，像成年人一样接受了这种不公平的安排，其他人都有些于心不忍，但尊重老皮的意愿。不过孩子毕竟是孩子，路易后来在射击结束时高兴地接受了一张空白靶纸作为纪念，尽管上面没有弹孔，没有自己的射击记录，他还高兴地说那是他最美好的一天，连他父亲都觉得有点意外。

二、自强是一种坚持

第一次打高尔夫，路易手上就磨出一个大泡，没多久就破了，初学者姿势不对或者用力过猛都会这样。我告诉他没关系，我自己的腿就是前一天骑马因为护腿太薄，把小腿内侧都磨破了，皮掉了一小块，但是我继续骑马、游泳、打球，因为同时进行好几个娱乐活动的机会并不多，只有在度假村里才有这样的机会，破了就破了，事后涂抹些酒精消毒就完了。

路易母亲雯雯女士坐在旁边，认为我说得有道理，结果路易既没包扎也没上药，也不喊痛，手掌流着血，又继续打了一小时球。

路易打高尔夫球虽然是个初学者，但游泳却是个好手，小小年纪已经在巴黎的游泳俱乐部呆过多年，对自己很有信心，下水不久就向大人挑战，先是比谁游得快，结果在第一次比赛中就把同行那两个游泳不错的女性朋友维维和欣欣甩在后面，在度假园区那个50米泳道中一马当先。信心满满之下，他开始与我单挑，不幸的是游泳恰好是我的少数优势之一，结果栽在我这个常年爱好者手里。

路易的强项是在水中翻跟头，最多可以连续翻七个。这个游戏既要灵活控制身体，又得避免呛水，还得有很强的憋气能力。我平时虽然没有练习过这么疯狂的动作，在十岁娃娃面前却也不想退缩，结果第一次比拼后，旁边两个裁判中的维维说我胜出，欣欣说我没翻够，估计她们两个看得眼花缭乱，反正第一局算路易赢了，他非常得意。

后来他挖空心思又想出个比赛潜水捞钥匙的游戏，结果落到我这个老谋深算的家伙的圈套中。他毕竟年少，即便用力，钥匙链抛出也不过三四米之远，我只需蹬几下水，在钥匙链没沉入2米深池底时已经将其抓到。轮到我抛时，他戴着黑色小泳镜紧张观察，只见我身高臂长，一下就把塑料钥匙链扔出8米之外。他只好气喘吁吁地在水下奋力潜游，不到一半就已经憋不住气，眼看着钥匙链沉入池底，只好浮出水面，小脸红扑扑的，大口喘气，我则在水中偷偷窃笑……

之后为了增加这个游戏的难度，我和他约定只能用脚趾勾出钥匙链而不能用手，碰上我这个喜欢捉弄小孩子的玩家，大人能想到的诡计我都用得上。两个朋友在旁边看我跟真正比赛一样认真，女性的爱心大发，都低声建议我让着路易一下，别跟小孩子似的寸土必争，我则不好意思地跟她们说：其实我也想赢……

男孩子需要对抗性强的游戏，甚至挑战一下极限，而且需要一些挫折。比起满足其虚荣心次次让他们赢，输掉一些比赛，挑战可能对他们心智的成熟有更大裨益。

三、自立是一种追求

那天去游泳本来路易和两位女士约好同去的，结果在酒店楼道中不知道去哪里和她们会合，正好碰到我。他低声说不想一个人去游泳，兜里也没钱，要是需要进场交涉什么的不知道该怎么办。

我不知道路易的泳技如何，但我知道那个游泳池深达2米，泳客又多，风险明摆在那里，只要路易在水中，我当然要承担起看护他的责任。

那天弄丢路易的两位女士在我电话示警后，深感愧疚，她们也都是母亲，深知带小孩的义务，结果她们先到了却没有进去，在游泳池入口一直等着我们，看到路易由我带着才放下心来。相比之下，路易那个大大咧咧的母亲雯雯却一直不管不问，一个电话都没有，比起国内的父母，他们潇洒得多，让孩子独立处事，独立承担风险和责任一直是他们养儿育女的准则。所以直到我们玩好吃好，完璧归赵地将路易带回房间，他们也不知道发生了什么。

我也知道法国人不像一些美国人那样热衷于打意外伤害的官司，自己受伤让其他人承担责任，他们骨子里就有宽容的基因，有自责的传统，自己的损失自己承担，不会嫁祸于人，同时他们有饶恕对手的骑士精神，就像雨果在《悲惨世界》和《九三年》中描写的那样。

路易母亲雯雯女士作为名人之后，在法国留学定居多年，成长为一名具有国际视野的设计师，曾经当过法国时装学校在中国分校的第一任校长，祖父是云大校长，虎父无犬子。但是设计师一般都比较随心所欲，她就是那种性情中人，虽然养育的也是独生子女，却不在生活上对其严加管束，平日里粗放散养。所以路易这孩子独立性很强，不缠着父母。

路易头一天晚上听我说要早上七点起来练球，晚上和母亲商量第二天早起找我，需要叫醒他。法国人一向晚起晚睡，度假期间更晚，结果第二天早上不到七点他自己先于父母醒后立即起床，我却变了主意改去游泳。在早餐路上碰见他时我感到内疚，大人说话不算话怎么教育小孩子？跟小孩玩是玩，捉弄他们一下也就罢了，但要言必信，行必果，同时培养他们独立自主的生活能力，以及判断力。

下编　生活细节

CHAPTER 5 第五章

碰触世界，从接纳东西方差异开始

第二十六讲 垃圾分类之个人行为

如果想比较一下社会文明的话，恐怕没有比垃圾分类更直观的了。如果想比较一下社会差异的话，恐怕没有比垃圾处理更多样化的了。

一、分类的三个关口

尽管我们今天社会物质丰富，也越来越富裕，想要进行垃圾分类，甚至想在全社会层面推动垃圾倾倒环保意识都是很难的。比如说，即便我想进行垃圾分类，但是清扫人员没有这个意识，他会将已经分好类的垃圾混装，我之前的分类就白做了；即使清扫人员有此意识，没有混装，物业公司管理上没有这一条，他们不鼓励这样做，不想找这个麻烦，那也不行，因为清扫人员无法将分类垃圾分别处理；即使物业也识大体，鼓励这种行为，社会上没人宣传，行政当局没有制度强制也仍然不行。只要其中任何一个环节不畅通，我分类的垃圾还是被倒入大堆，个人的努力都会付之东流，其结局就是：最后连我自己也倦怠了。

所以想要推行垃圾分类，必须过这三关：个人、社会、行政当局。个人靠什么？当然靠其道德水准，而这种道德水准经常是通过教育才能获得的。社会靠什么？当然得靠持续不断地宣传，将这个环保理念深入人心。行政当局靠什么？当然要靠规章制度和强制执行，奖励分类垃圾，处罚乱扔乱倒，而且奖励和处罚要有一定力度才行。在这三点上，我们国家居民做得都远远不够，所以无论留学生还是出国人员，一旦到了国外还得从头学起。而这种学习往往从尴尬开始，因为教育你的人可能就是穿制服拿着垃圾袋的清洁工人。

二、分类从我做起

在我们国家，直到今天，绝大多数家庭还没有垃圾分类这根弦，大家都为了省事把所有厨余垃圾，无论玻璃瓶还是金属罐，无论大盒纸箱还是小包塑料袋，都统统装一个垃圾袋里，最后扔到小区垃圾桶里便万事大吉。其实他们完全可以将矿泉水瓶、纸壳包装等可回收利用的垃圾分拣出来卖废品，虽然得不到几个钱，至少为环保做了一点贡献。否则，等到垃圾清运车将整体垃圾装运走后，再做精细的分类就很困难了。

鉴于这种情况,我多年前曾经写过一篇文章叫作《我与收破烂的有约》,讲到自己在北京奥运会之前的许多年就已经将垃圾分类,等候小区收破烂的那个又矮又瘦的老头上门收取的故事,并呼吁社会:"如果每个家庭都与收破烂的有约,这个世界就是一个绿色的世界,就是一个环保的世界。"

因为在回京工作之前,我在法国已经习惯垃圾分类并践行多年。而时至今日,法国垃圾分类更为严格,设施也更为完善,每个住宅楼门前从原来一个垃圾桶增至三个,排成一溜在街边,干干净净,整整齐齐,不会像我们印象中那样脏乱差,好像垃圾堆就应该有"垃圾堆样"。

那个堆放位置如果将垃圾桶移开,放一张躺椅,你依然可以在那里晒太阳而不感到有多大异味。当然这些垃圾桶每个都有不同用途,上面的图片和文字也醒目,警示着每一个前来扔垃圾的人。以至于我每次回到巴黎,扔垃圾时都会小心翼翼,因为分类方式也在进化,规定日趋严格。我都要仔细阅读后再将垃圾袋放进去,之后还不放心地观察一下别人怎样做。当然这样做显得有点复杂,感到有点约束,习惯后就好了。还会有一种成就感,因为做对了一件事。

垃圾分类虽然是个好事,也是一种负担和约束,而人们面对要求和束缚会有一种自然的抵抗心理,会有逃避心理。怎么克服这种逃避心理呢?我觉得每个人都应该认清"垃圾分类制度"背后的那份责任心。

三、负责任的意识

个人责任往小了说是那种人穷志不短的劲头，往大了说是那种穷亦独善其身的精神。在全世界全面推行垃圾分类制度是一个大趋势，是从西方国家开始的，体现着社会文明程度，还体现着社会各阶层的良心。无论你从事何种行业，无论你贫穷或富有，无论你身处何种阶层，正确对待人类造成的污染是我们对社会的一份责任。

要想让垃圾分类做法深入人心，成为像吃饭喝水那样认真的话，在一个环保意识不强的国家短期内是不可能形成的。当倾倒有了约束，分类成为负担时，需要社会持久的教育，同时伴以严密的监督和夸张性的奖惩。

比如在德国，垃圾分类在该国已有五十多年的历史，德国人对此有宗教般的虔诚，一板一眼，有如工作般的认真。在叙利亚战乱后拥入了大量难民，德国出于人道主义考量收留了很多无家可归的中东人，社会秩序也因此受到威胁，德国政府不仅加强了治安管理，还特意对他们进行了垃圾分类的培训。

压力和约束会强化我们的责任心。记得一段话说得好："喷泉之所以漂亮是因为她有了压力；瀑布之所以壮观是因为她没有了退路；水之所以能穿石是因为永远在坚持。"环保的要求使得我们有了外部压力，污染日益严重也让我们没有了退路，如果我们能像水滴那样坚持下去，留给后代的就真的是绿水青山，就真的是金山银山。

如果我们国人都能够学会顺应时代潮流，在下一代面前树立一种健康而环保的生活观，及早帮助孩子熟悉垃圾分类的规则，让他们在日后的生活中不在理念上输于他人。那么，当他们长大成人后，无论面对自己同胞，还是出国留学面对国外社会都不会措手不及，都不会被人诟病。

当然如果我们做不到，就会有人提醒我们做到。这就涉及第二个问题，也就是社会责任了。这是下一讲要说明的。

第二十七讲　垃圾分类之社会责任

2018年春夏相交之际，两个在日本旅游的时髦中国女孩莹莹和文文在餐厅吃大虾被店主赶出来的例子或许已经被大家淡忘，对于她们则是刻骨铭心。在网络自曝经历希望获得爱国式的同情，却被国内同胞暴风骤雨般讨伐后，她们应该不会再将虾壳扔得遍地都是，惹得餐厅周围食客侧目，惹得当地日本老板连钱都不收，只要她们两个离开就行。

一、责任在于社会监督

人生活在这个世界上是有责任的，一种叫个人责任，一种叫社会责任。具体体现在垃圾处理上的表现是：假如你不会垃圾分类或者分类不好的话，一旦生活在德国会招致清洁工上门，一旦生活在法国会被门房教训。这些都是实实在在的例子，针对的还是受教育水平甚高，且比较有环保意识的国人同胞。

国人同胞到德国生活刚开始，学的第一课就是垃圾分类，还可能是清洁女工教会的。这些女工和住户并不相识，也不是执法者，却自觉地履行着社会责任，一旦发现新来的中国住户不会正确地扔垃圾，或者说不会像当地德国人那样进行垃圾分类，就会主动登门造访，直言不讳地说："先生，你这样扔垃圾是错误的，我必须告诉你正确的方法。"

二、责任在于政府强制

社会责任不仅反映在人与人之间，也应该反映在机构和机构之间。同样在德国，喝完的饮料瓶、矿泉水瓶大家都不会随意丢掉，因为可以用来换钱，价格高于中国好多倍。在居民多的地方，德国行政部门就在人流多的连锁超市入口旁边显眼的地方设立塑料瓶子回收机，鼓励人们将瓶子积攒起来换钱，而不是随意丢弃。当你将一个矿泉水瓶放进机器的圆洞时，设备马上运转起来，一两秒钟后瓶子便进入了机器内部，并给你打印一个收据。每个塑料瓶回收价格在四分之一欧元左右，相当于人民币一块五左右。

相比2020年初中国北京塑料瓶回收价才几分钱，德国塑料瓶回收价高于中国几十倍。这意味着，在德国，回收五十个塑料矿泉水瓶，政府就请你吃一顿汉堡套餐，卖掉一百个则可享受一顿餐馆午间套餐。而在2020年初的中国北京，这些钱可能只够买两瓶矿泉水。价格的差距意味着观念的差距，意味着白色污染严重性的差距。

得益于精确的垃圾分类法，如今德国垃圾回收利用率高达62%，在欧盟处于领先地位。在这个国家，垃圾分类有法律规范，左邻右舍互相监督，人们自觉地履行社会责任，一旦乱丢垃圾，轻者被责，重者被罚。

在法国也是类似的环境，住宅大楼都有门房，他们可能是一个住在一楼内套房的家庭,门前设一个前台面朝大厅,这样他们早上起床开门就可以工作,监督着进出的人们,为他们提供服务,同时履行物业公司的义务和责任。这些公寓往往是有垃圾通道的,通常在一个储藏室一样的空间,将垃圾袋直接投入,根据楼层不同,有几十米甚至上百米。如果投掷玻璃器皿,从高空坠落到地面时会发生爆裂声,门房就会干预;如果塞进的纸壳太大充满空间,卡住了,下一个邻居无法倾倒,门房也会干预。

三、责任在于居民爱心

这些门房物业人员拥有猎犬一样的嗅觉,常常会从残破垃圾袋中辨别出是哪一户,从而精准地进行批评甚至警告。初犯者被门房揪出来后面子上不好看,事情传出去还会影响邻里关系,严重的话就有可能扯上官司,而吃官司是任何人都不想看到的。话说回来,我们中国人的垃圾往往比较容易辨认,因为其中难免有中文痕迹,或者是国内带出来的,或者是从当地华人超市购买的。

其实,玻璃瓶的正确处理方法是将其带下楼扔到专门设立的地点。法国人爱喝酒,又偏爱玻璃瓶装的,红酒和啤酒消费量都很大,这会产生很多酒瓶。现在的巴黎,几乎每个住宅大楼门前都设有玻璃器皿投掷箱,是个一人多高,腰围直径有一米左右的巨大塑料箱,口小肚子大,是一个真正的大肚蝈蝈。

一开始我也不知道正确的投掷方式,以为将玻璃瓶扔进去就行了。其实这种箱子的投掷口有圆形橡胶软垫,星状分布,既方便玻璃瓶投入，又能很好地防止玻璃碎渣飞溅出来伤到人。正确的投掷方式是要做到瓶盖分离，而且要重重地扔进去，使其猛地摔落下去，最好能听到瓶子落地的破裂声音，将玻璃打碎，这样才能节省垃圾箱内的空间，方便垃圾车回收。这和我们国家多年实行的啤酒瓶回收方式截然不同，我们是整瓶回收不能有残缺的才能换钱，因为瓶子回收清洗后还可以直接用，而西方只回收碎玻璃。

法国大街上都有分类垃圾箱，投掷前要仔细辨认和学习，在垃圾箱那里驻足，看清每个垃圾箱的用途，上面都有画面显示，可以避免语言不通的问题，什么叫可回收的，什么叫不可回收的，此外还要懂得如何回收。比如快递纸箱和易拉罐，得将快递纸箱拆开后压瘪，将空易拉罐踩瘪，因为在西方国家人力成本高昂，加上居民环保意识强，垃圾车隔几天甚至一周多才收一次垃圾。如果不将空纸箱和易拉罐压瘪，那么不出几天，垃圾桶就都会占满，别人的垃圾就无法投入。有时住户扔出来的纸箱子太大，就应该将纸箱整齐绑好放在垃圾桶旁边，尽可能为可回收垃圾箱腾出更多的空间。即便扔垃圾，也要想到他人，而不是只顾自己。

推行垃圾分类制度会促进人们担负起社会责任，会激发出更多的社会爱心，而责任和爱心是每个成年人应该具有的最基本的东西，能让社会呈现温暖和睦的状态，那首流行的歌曲"只要人人都献出一点爱，世界将变成美好的人间"指的就应该是这种状态。

当然，如果居民没有承担起责任，没有展现出爱心的话，就需要另一种强制手段，这就和政府有关，和行政当局有关了。

第二十八讲　垃圾分类之行政力量

其实垃圾是有价格的，这点恐怕和我们的常识相左。既然垃圾是无用之物，放着还有害，所以才要扔掉，为什么是有价的？深入了解后才发现，就是因为垃圾这种无用之物多了以后清理费事，拉走费时，填埋费钱，所以要收费，这个费用就是垃圾价格，或者说垃圾税。

一、增设的垃圾税

多年前垃圾税在西方已经开始推行，是以抑制环境污染为目的、以固体废弃物为课税对象的税种。课税对象是工业垃圾和生活垃圾。纳税人为产生垃圾的所有人，包括机构、企业和个人。

率先实施垃圾税的都是西方国家，尤其是那些秉承环保理念的小国，比如奥地利，比如荷兰。垃圾税的定价源于处置垃圾所花费的资金，奥地利联邦政府从1989年就开始按重量征收，而荷兰政府则按家庭征收。荷兰的垃圾税是由政府对家庭征收的一种税，该税的征收目的是为收集和处理垃圾筹集资金，人口少的家庭可以得到一定的减免。

可是无论按照重量还是按照家庭收费都有不足之处，比如重量轻的可能污染严重，家庭人员多的可能更环保。对此，荷兰政府又开征了垃圾收集税，各地市政府可以在这两种税之间进行选择。

垃圾应该是一种产品，和正式产品不一样的是定价方式不同。比如石油，这个和几乎每个国家甚至每个人都息息相关的商品，可以在市场上炒到上百美元一桶，也可以跌到十几美元。在2020年新型冠状病毒爆发后几个月，这个一向为世界投资者追捧的商品居然一度跌至零元以下，最低时为负三十七美元，就是说你手持每一桶石油期货都要再倒付三十七美元，而不是别人给你三十七美元！商品市场就是这样，有升有降，随行就市，可以大幅上涨，也可以大幅下跌。但是垃圾税或者垃圾价格应该一直上涨，永远都不应该下跌。因为这是一种惩罚性措施，人为制造的垃圾需要人为的救赎，而且不能松懈，惩罚的价格越高，垃圾的数量就会越少，人类环境就会越环保。

应该提价的不仅是垃圾税的价格，还应该是垃圾处理的价格。如果说前者是一种惩罚性措施的话，后者就应该是奖励性的。政府应该出台相关政策，一方面加大对制造垃圾的处罚，另一方面提高垃圾收购价。

这么多年来，居住小区收破烂的老头经常向我抱怨北京废品收购价不断下跌，而且品种越来越少，开始时玻璃瓶是有价的，一个啤酒瓶可以卖上几分钱，后来废品收购站不要了；半年前矿泉水瓶还能卖一毛钱，与金属易拉罐差不多等价，后来连几分钱都不值了；再到了新型冠状病毒疫情期间，矿泉水瓶收购站也不要了。十几年间北京房价上涨将近十倍，市场上大宗商品也跟着涨，废品收购价却在下跌。

二、增长的垃圾费

相比之下，一些秉承绿色城市理念的西欧国家却在做相反的事，垃圾税和废品回收价格都在稳步提高。

与此同时，西方国家处罚的力度也在不断加大。在地广人稀的加拿大，很多人都是住在国人口中的别墅区里，垃圾在固定时间放在路边等候垃圾车收取，如果没有按照规定放置，或者分类不当，清洁工人可能拒绝收取，路过而不停车，主人只好再拿回院内，等待下一次机会。

在德国，就有小区因此出现纠纷，个别居民没有按照规定进行垃圾分类，被指出后没有及时改正，清洁公司于是拒绝服务，故意让小区垃圾堆成山以示惩罚。双方纠纷没有上升到更高层面，最后屈服的还是小区居民，他们只好重新打包垃圾，按照规定分类，才获得清洁公司谅解。也就是说，清洁工人承担着某种社会责任，并受到行政当局的支持。

这些都不是最严重的，最严重的是行政处罚。在德国，乱扔垃圾被开出的罚单可能高达上千欧元，远高于被丢弃物品原价值本身。关键是，无论是清洁工人直截了当的告诫还是行政当局真金白银的罚款都会以儆效尤，经过自然传播和媒体报道都会起到杀一儆百的效果，这样就会大大降低垃圾产生，从而形成大范围环保的舆论环境和生活习俗。

近年来，一些北欧国家已经开始了取消塑料袋的运动，这种运动首先在环保人士中发起,形成影响力后推动政府用行政规定限制,甚至消除塑料袋的使用,为这个星球减少些白色污染。在这点上,一些喜欢点外卖的年轻人做得远远不够,因为外卖食物都是用塑料袋和塑料盒包装的,送一份餐就造成一次污染。而这种不易分解,又被大家随意丢弃的污染源将严重破坏我们的土壤,进而为我们后代的生存环境带来毁灭性的灾难。

我经常劝告周围的年轻人尽量少点外卖,因为热菜遇到高温就会分解打包盒包含的化学物质,再渗透到食物中,从而对食用者的健康带来隐患。

我虽然没叫过外卖,但偶尔会在饭店打包带走几个菜,事先都会通知餐馆提前做好,放到盘中凉一凉,之后再装到塑料盒中,如果有时间我会亲自动手装盒,以保证不会太烫。

三、对自然的敬畏

垃圾分类在一些国家已经成为一种文明,一种修养,一种人类对自然的敬畏,是任何一个国人都要学会的,无论是留学生、移民还是调去工作的人士。

如果不会进行垃圾分类的话会遭到抵制甚至教训,认真的西方人会像福尔摩斯一样从垃圾中侦查到你的住址,给你警告。

令人欣慰的是,继上海后,北京也开始推行垃圾分类,希望这个政策能够持续推动并被有效地施行,保护环境不仅应该是我们的基本国策,更关系到我们每一个人的生存质量。越重视门面美观的可能越轻视藏污纳垢之处,就像经济学中经常被人引用的木桶原理一样,一桶水的容量不取决于最长的那块板,而取决于最短的那块。

同样,一个社会的文明不是建立在优势阶层的繁荣上,而是建立在对弱势群体的保护中;一个城市的美观评价标准也不是建立在临街门面的装饰上,而是建立在其后院的整洁,建立在对环境的保护上,甚至建立在对垃圾的处理上。

第二十九讲　餐馆陋习之大声喧哗

在人际往来日益频繁、去餐馆成为家常便饭的今天，懂得一些餐桌礼仪，也就是英文中说的table manners，不仅关乎自己的社会形象，还关乎自己的身体健康。餐桌礼仪通俗一点说就是所谓"吃相"，那是从坐到餐桌前到离开时的全部举止。

一、农耕历史

在家里吃饭可以随便，一旦进餐馆就应该知道什么是应该做的和什么是不应该做的。我们国人在这一点上有一些固有习惯，甚至形成了一些偏见，比如大声喧哗以示高兴，选择包间以示敬重，频频夹菜以示热情。习惯成自然，久而久之，我们将其视为规矩，不这样做就是不懂规矩，后来推而广之，甚至发展到国际交往中。蓦然回首，发现那些我们看重的餐饮习俗在某种意义上竟然是陋习，以至于到了不得不改的地步。

为什么中餐厅总是声音那么大，我们自己都说不清楚。国内也有的地方人说话柔和，比如苏州一带的人，所以有吴侬软语之说。但更多地方的人们说话出口就声音大，有些时候在他们之间用方言谈论问题时，不明就里的外人以为是在吵架。

中国人说话声大连自己人都感到费解，对此也有过很多形式的讨论与反思。经过多种分析后，有人认为是农耕习惯所致，有人认为是聚餐图个热闹所致，还有的认为历史上中国人就这样，所以习惯成自然了。这些因素可能都有，而且相互作用，形成了我们交流时声音变大、喊话而不是说话的习惯。

中国历史上一直是农耕国家，日出而作，日落而息，遵循着自然规律。同时，几千年来人际交流都靠步行，连信使都靠步行，有马匹作为交通工具是一件奢侈之事。直到现代社会，住在山区里的人仍然保持着这个习惯。

而那些保持原始习惯的人们进城后，繁华生活骤然而至，"公共空间"突然开始变得狭小而密集，人们即便有很好的自我约束能力也不见得适应这样的生活。

将其归结于文化现象有一定根据，中国脱胎于农业社会，农民在田间劳作只有大声讲话才能相互听到，就不要说隔着一个沟渠，甚至隔着几座茅舍了。

二、落后条件

听上去这种解释似乎很有道理，不过比较一下地区差异的话，又觉得不大站得住脚。比如说，台湾也是从农业社会转型而来，为什么台湾人说话轻声细语？苏州一带的人说话婉约，声音也不大啊。此外，如果你去过一些目前仍处于农业社会的国家，会发现他们的国民说话声音也不大。所以农耕社会并不完全是我们国人说话声大的原因。

那么是某种习惯吗？另一个例子也挺说明问题，同样打电话。中国人在电话听筒前，或者手机放在耳边时都会保持着大声说话的习惯。他们潜意识里一定觉得电话那端的人距离他们很远，唯有大声说话才能让对方听清，所以很多人打电话都是"喊话"而非说话，有时候对方声音之大，你得将手机离耳朵远点，避免被震到。

这些或许都是农耕社会的遗迹，"喊话"就是遗传给这些人群的基因。相比之下，如果你和法国人通电话，就会感到对方声音微弱渺小，不仅女士，男子汉都个个如此。在公共区域和他们通电话很累，甚至得将电话筒紧贴着耳朵才能听清，即便提醒对方声音大些，他们也不会骤然大声，依旧是细语如旧，面对这样固执的对话人，你的声音显然大不起来。

要知道，我们国家普及家用电话是在20世纪90年代，之前安装电话得专门申请批准，还得缴纳高额费用，那时候几千元的所谓安装费，相当于现在几万元。申请一部电话手续复杂，成本很高，得不偿失，因为大家都没有的时候你安装电话打给谁。

所以在之前的漫长岁月中，我们国人基本上都是在公共场合接听公共电话，比如在大学宿舍一栋楼只有一部电话，安装在一楼的传达室，而接听者可能住在四楼角落宿舍里。一旦来电话，管理员满楼找人要吼，因为离得太远；接听电话要吼，因为周围人来人往，环境嘈杂；接听者也会要求对方吼，不然实在听不清楚。这些我们过来人的切身经历，现在对年轻人讲起来好像是笑谈。

三、生活习俗

国人还有一个喝酒划拳的习惯。划拳是一种常见的聚会游戏，基本发生在男人之间，也是伴随着中国传统文化而生的一种酒桌文化，和这篇文章所说的餐桌礼仪正好相左。古往今来在这块多民族的土地上，只要有酒桌的地方就能看到划拳者，只要有划拳者就会有大嗓门。高度白酒为划拳者烘托气氛，划拳者反过来通过喊叫助势，又增添酒兴。喝酒划拳，让人兴奋，提高热情，助长声势。

解释国人声大原因的话，这恐怕也是个因素，但是像我这样不喝白酒也就不喜欢划拳的人也很多。此外，绝大多数妇女是不习惯喝酒划拳的，但是她们依然可能声音很大。

农耕习惯是我们的传承，落后状况是我们的曾经。即便生活在城市中，很多人都会记得我们在成长过程中，或多或少，都可能都被家长、幼儿园老师甚至之后的领导教训过："有什么事不能大声说？"好像他们把低声说话当成一种见不得人的勾当，而胸怀坦荡的人都会大声说出来。至少在我们那个年代，长辈都是这样教育我们的。顺理成章，大声说话在我们这个社会似乎是一个做事坦荡的行为举止，因而被人人效仿。

中国人说话声大在历史上是可以追溯的。细心观察的话就会发现这些年来，越来越多的国内古装电视连续剧中官吏出场前，经常会有几个衙役跑龙套，举着"回避""肃静"的牌子，在围观人群中晃来晃去。

影视作品常常是现实生活的反映，这种出场情景让我们意识到，很早以前中华大地上喧哗吵闹的现象就已经非常普遍了，所以官府衙门才专门安排人干这种事。从这种场景又联想到一个"静"字，即便是现代社会，这个字也会大大地写在墙上，贴在牌子上，挂在国内各个图书馆、大型医院、中小学校、官方机构、银行保险公司或者火车站、候机大厅这些本来就喧闹之处。甚至在电影院以及厕所里都能发现这个醒目大字，只要公共场所，几乎无处不在。所以，中国人普遍声音大这一点恐怕自古至今都是这样，我们自己也知道。

第三十讲　餐馆陋习之注重待遇

本讲涉及餐饮文化中另一种中西方区别。在这个问题上，尤其要注意的是：留意入门规矩，尊重侍者，尽量享受大厅而不是包间待遇。

一、规矩是需要遵守的

为什么要留意入门规矩？难道一个对外开放的餐厅不能随便进出吗？当然可以，只是，进得要守规矩，出得要有尊严。在中国，国人随意进出餐厅已成习惯，食客们进门后四处观望寻找合适的座位，在众目睽睽下从容地寻找座位，东西转了一圈后，挑一个中意的坐下。如果他们随身携带的东西多，还可能扯过来一把邻座的椅子，把自己的包包、大衣，甚至随身带的物品一股脑放在其他的椅子上，那个样子就像一个"看包的"一样，而且对此习以为常，几乎人人都这样，还把这种习惯带到国外，那就有损于形象，因为不是每个国家都像我们一样。

实际上，西方国家餐厅虽然也是自由进出，很多地方实行的却是领位制，就是由门口餐厅侍者带你去找位，而不是你自己找位。当然你可以说出自己希望的位置，提前告诉侍者希望靠窗看景或者隐蔽不张扬的角落。然后也是他帮你选择，他带你过去，他安排你坐下。当然，你想要的位置如果已经被其他顾客预订了，就只能听从侍者安排另一个。

无论西欧还是北美，越高级的餐厅越是如此。比如纽约那个著名的史密斯与沃伦斯基牛排店，以及那些著名大学设在纽约中城的餐厅，像哈佛俱乐部、耶鲁俱乐部等。在这些餐厅，不仅位子不能自己随意找，东西也不能乱放，想想看：如果椅子上堆满包包和大衣，是不是显得凌乱而缺乏秩序？

于是这些餐厅设立了衣帽间，就像去歌剧院观看演出一样，进门后将大衣和包包存入，之后整整衣装，再在餐厅就座。如果到了这些地方，需要先察言观色，不要径自进去，免得被叫停，进去以后也不要换座，更不能扯过来一把其他座位上的椅子。如果实在不喜欢被领位的地方，就要礼貌地向侍者申请另行安排。

在西方国家，有时候形式和内容一样重要，形式有时夸张得超乎想象。但是到了什么山唱什么歌，在人家的地盘就要遵守人家的习惯。到了餐馆及其他公共场所一定记得这点，并不是我们的习惯就是世界通行的做法。

二、侍者是需要尊重的

至于尊重侍者这点上我们需要改进的地方更多。国内餐厅女性服务员占绝大多数，还都是年轻女孩，好像这个行业的服务员一旦过了某个阶段就贬值了似的，这跟国内航空公司乘务员都是年轻女孩如出一辙。

而在西方国家不是这样,你会看到白发苍苍的老侍者和到了当奶奶年龄的空乘,他们经验丰富,动作简洁,还有幽默感。所以这些行业吃青春饭只是在我们国家十分明显,也不是一个普遍规律。

习惯于在国内骄横的客人一旦到了国外,还想以这种态度面对餐厅的服务员,则会遭到冷落、白眼甚至拒绝服务。

如果想像国内那样投诉,对方餐厅经理不见得支持你,因为他们看重的是礼貌与自尊。即便他们嘴上不见得会说,行动上也会表现出来。所以在西方国家餐厅,客人与服务员都以礼相待。即便有所不满,他们也会私下里说,而且低声私语,给对方以面子。

其实,对服务人员的尊重是一个文明社会的标志,我们称呼的服务员,也就是侍者,虽然在英文中叫作waiter,但是西方人很早就不这样当面称呼了。现在大家都把男性侍者称为Sir,也就是先生,而不是waiter,而且是那种对贵族和上级同样的称谓,他们在面对总统时也是这样说的。换句话说,在西方国家,无论面对男性总统还是男性服务生,都是一样的叫法。对后者予以充分的尊重也是尊重自己。至于女性侍者,则会受到更多的呵护,甚至给出更多的小费作为奖励。

三、大厅是用来享用的

而在享受大厅服务还是享受包间服务这一点上,中外差别则是近二十年才拉大的,差距越来越大,就像有个加速度似的,之前却不是这样。也就是说,国人在餐厅文化上讲究奢侈豪华至少有二十年时间了。

在西欧以及北美,餐厅只有座位好坏之分,好的座位一般是那种靠窗可以环顾四周的环境,或者望湖,或者观山。而在中国,餐厅档次则是以有无包间来区分的,有包间为上,无包间为下,高下立现。在西欧,餐厅不好的位置和剧场相反,是那种处于中间的位置,既没有视野也不僻静,有水却看不全水,有山却看不全山,前后左右都有食客,一点隐私都没有。

而在中国,包间是以装修是否豪华洋气为评判标准的,虽然装饰良好,设备齐全,宽敞而舒服,却四面不透气,而且一些包间都是没有窗户的,没有视野的,即便楼外有风景也看不到。在这种包间大白天都要灯火通明,人们上楼后左顾右盼寻找房间号,在服务员领位进入后去后迅速关门。

去过国内那么多城市和那么多餐厅,大一点的餐厅都有包间,只是多少的区别,尤以北京为甚。我见到的餐馆中有的外表看着不起眼,却拥有几十个包间,能够占整层楼。这些包间加起来的面积远大于用餐大厅,成了用餐建筑主体。人们越来越追求奢华,追求舒适和宽敞,就像乘坐飞机时那些大款们选择商务舱和头等舱一样。只不过飞机上的商务舱是需要多增加很多费用的,而包间不必,菜价一样,专人服务,又有隐私,似乎物有所值。于是很多食客以去包间为荣,我认识的朋友中有人没有包间就不订餐,哪里有包间就去哪里。

与此同时,西方国家却越来越平民化,他们的餐厅很少有包间,即便有也不会是四面不通气的那种。对隐私很在意的西方人去餐厅是为了享受美食。同时他们知道这是公共场所,也是图个热闹,就是享受一下人多的环境,否则为什么不在家里用餐?

看看他们的五星级酒店,即便费用高的商务楼层,也是大家分享,就是那种视野良好、环境优雅的小餐厅。将好的位置作为公共场所让所有客人分享是一种做法,将好的位置隔离出来只为某些特定客人服务是另一种做法,因为后者支付了额外费用。无论哪种做法都不是独享。

即便设立包间,西方人也不会在其内部修建卫生间,就像国内豪华包间那样,好像越有档次的包间就越应该设立卫生间,甚至将带卫生间的包间作为订餐条件之一。本来在我们正常思维中,一个就餐大厅最不好的位置就是与卫生间比邻的,包间则离得最近。

早期包间在多年前是需要单独收费的,按照房间大小额外费用不同,有的虽然不收额外费用,但是规定了最低消费,即便你吃不到那个价钱,也得按此缴费。可见,餐厅包间最初的设立是以赢利为导向的,一方面迎合大众需求,另一方面提高销售收入。但是到了后来,随着带包间餐厅越来越多,竞争激烈,包间费逐渐地不见踪影。

第三十一讲　餐馆陋习之夹菜习惯

我一直对国人聚餐时相互夹菜的偏好颇有微词，自己不仅不给别人夹菜，也会在饭桌上不断提醒大家"自己吃自己的"，无论是请客还是被请吃饭，虽然有时候显得不合时宜。

一般来说，一次聚餐提醒三次后会有一定效果。但是你一定得不厌其烦，拉得下来脸面，态度温和而语气坚定，还得每次都这样才行。因为很多成年人习惯难改，禀性难移。我注意到，很多人同样在西方国家生活很多年，不仅乡音依旧，餐桌上频频夹菜的做法也和出国前一样。

一、要吃得文明

经过长期观察，我总结出来国人饭桌上"三夹"毛病：自夹、夹他、他夹。"自夹"当然指的是给自己夹菜，吃饭夹菜，自由自在；"夹他"就是给人夹菜，表示关心和亲近；"他夹"自然就是被人夹菜，是被关心，被亲近。当然，"三夹"也可以归纳为"两夹"，就是自夹和他夹两点，你夹菜给他人，或者他人夹菜给你，因为无论夹他还是他夹，都是相互夹菜。

自夹本来是正常举动，但是一张桌上常见到两种不好的习惯。一种是拨拉菜，将筷子在菜盘拨来拨去，好像要挑选某一个部位，又找不到似的。或许这是一种下意识的行为。看到这种人时,我真心希望他赶紧夹走想要的菜肴,即便那是我想要的也在所不惜。

另一种是有的人习惯将菜夹起,之后放下,再夹起,再放下,每次夹菜都要反复几次,其实他们并不见得非要拨拉菜肴挑食好吃的部位,只是有此习惯而已。

这两种挑来挑去的自夹习惯,无论是有意识的还是无意识的,跟在菜市场挑菜,把菜叶摘掉只带走菜心一样,都是那种只顾自己不顾他人的做法。往小了说是自私,往大了说就是缺乏教养。其实这往往是长期形成的习惯,有的是被惯出来的,想想看如果养成习惯,一旦有机会下筷子还不迅速夹起吞进嘴里,哪有时间和兴趣挑来拣去?如果父母放任自流,孩子就会习惯成自然;如果父母恶于此行,孩子就不会如此。在这一点上印证了父母是孩子最好的礼仪导师,尤其在餐桌上。

至于他夹或者夹他也没这个必要。如果喝茶还有茶道的话,吃饭倒是应该减少繁文缛节。因为如果你给别人夹菜表示敬意了,别人就会反过来给你夹菜回应敬意,夹他之后必定他夹,礼节是一把双刃剑;然后你再次夹他,别人再次他夹,没完没了,一顿饭下来热情有余而卫生不够。而且你吃的都是别人认为好的菜,不见得你自己真的喜欢。这时候其实最好办法不是相互夹菜,而是相互换盘,将远端的和近端的对换,有转盘的就主动将好菜转给对方,这样大家都能吃得比较均衡。

二、要吃得卫生

自夹当然是天经地义之事,夹他有时也能理解。多少个世纪来,中餐不同于西餐的分餐制,不论是作为客人还是作为主人,在餐桌上总避免不了夹菜这一环节。比如给牙口不好的老人夹出一块软嫩的肉,给狼吞虎咽的孩子挑出一块不带刺的鱼。在圆桌转盘还没有发明之前,相互夹菜有其合理性,因为相对而坐,食客越多,桌子越大,盘子越远,只能多吃就近的菜,对面的够不着,有人可以多吃大鱼大肉,有人只能多吃鸡毛菜,价值高昂的菜无法公平分配。这时有人出面文明夹菜,既能尊老爱幼,营造融洽的用餐氛围,也是对中华传统礼仪的传承。

中华传统餐桌礼仪自古以来就有正襟危坐,尊重长辈,礼让客人。就是那种坐有坐相、站有站相,礼貌有加的就餐举止,而不是猫腰弓背、狼吞虎咽吃饭的样子。等到后来,在圆桌转盘发明后又出现了一些餐桌礼仪,比如等到菜转到自己面前时再动筷夹菜,不可抢在邻座前面先行动;在每一道菜上来之后都礼让主人和同桌老人先行动筷,而不是喧宾夺主;如果看到备有公筷,则用其将菜肴夹到自己盘中,然后再换成自己筷子慢慢食用;同桌有外国友人则也不要为其夹菜,大家知道西方人一般没有我们同样的习惯。

当然,我们的餐桌礼仪也有一些属于旧传统而逐渐被抛弃,比如女性和孩子不能上桌,尽由成年男性在桌子上大吃大喝;比如食而不语,在旧社会吃饭就是吃饭,不要在饭桌上闲谈,后来到了现代社会，吃饭成为一种友情之间的交流，有的饭局还就是为了聊天的。

三、要吃得优雅

餐桌礼仪最体现人类文明和进化程度，其实最初时无论人还是动物都是一个姿态，都是一种动作，都是用嘴解决问题。之后人类越来越进化，越来越会使用工具，而在吃饭这个问题上则越来越分层，将进食方式分成咀嚼和切割，分成撕、夹和叉，各种动作，不同文化演化成不同的方式，各有千秋，无论哪种方式都可以吃得舒服，吃得明白。

不过，最好的不但是吃得舒服，还要吃得优雅。餐桌文化是一种熏陶，是一种教养，是从小培养出来的习惯。为什么有贵族这样的说法？当年在巴黎眼看着那些贵族出身的家庭在没落，他们却仍然保持一种气质，那是从小培养出来的，是别人装不出来的气质。

毕竟餐桌文化是一个人的脸面，天天都要面对。我们需要的是那种不以富贵为喜，不以贫贱为悲，人穷志不短的心胸。而心胸有多大，世界就有多大。

CHAPTER 6 第六章

融入世界，从了解法律知识开始

第三十二讲　法律悖论之判决夸张

现在国人法律观念越来越强，纠纷出现后一些人动不动就会以"我告你"相威胁，就是到法院起诉对方的意思。

一、不能轻信广告的诱惑

这让我想起二十年前在美国工作时遇到的情景，那种有些令人提心吊胆的工作和生活环境。平心而论，维权意识提高是一种社会进步，但是最好不要发展到人与人之间的极端化、刻薄化。其实，无论过去和现在，法院并不总能伸张正义、抑恶扬善，有时既不能证其对也不能证其错，反而会误导社会，惩罚了善举，包庇了恶行。

多年前我从工作多年的法国转到美国，从欧洲又一次远渡重洋到了纽约这个世界人种大熔炉，努力适应新的生活。纽约和巴黎的工作和生活气氛都大相径庭，我在法国工作那么多年从来没有遇到什么官司，周围的朋友也是如此。而到了纽约，翻开当地最大的中文报纸《世界日报》，厚厚的一叠，扑面而来的一半都是广告，广告占的篇幅甚至大过正文，而广告中数量最多也最引人注目的就是律师的广告。那些"滑倒跌伤不用愁，请找某某律师楼"的广告词朗朗上口，令人印象深刻。一时间你会觉得纽约是个遍地都可以捡到黄金的城市，因为有那么多赚钱的可能，也有那么多助人为乐的律师，连摔个跤都有人帮。

之后亲身接触发现，美国有太多的律师，他们彬彬有礼，见面时会十分耐心听你讲述，个个都像心理学家，让太希望被指点迷津的你恨不得掏心掏肺。但是之后他们可能会毫不犹豫寄来一个让你惊掉下巴的账单，想不支付都不行，因为他们就是干这个的。当然，如果觉得你的案子没有价值赚不到钱他们就会弃如敝屣，不再理睬。以后你自己一厢情愿再想打电话，碰到的都会是一问三不知的秘书。

二、不能任由人性堕落

之前一个不可思议的诉讼让世人目光聚焦在美国司法系统。一位美国的六十四岁妇女看了肯德基炸鸡热销的广告之后，因所订全家桶套餐不够全家人吃，女子觉得被骗了，将肯德基告上法院，觉得肯德基虚假推销，索偿两千万美元。结果遭到肯德基霸气回应，称其全家桶指的是鸡全家而非人全家。这件诉讼一度成了国际媒体的热门话题，许多国人网友称美国人"闲得慌"。

这种官司能发生在法律健全的美国是有历史缘由的，二十几年前同样是个美国老太太在麦当劳买咖啡不小心洒了烫伤自己的腿，起诉麦当劳后打了一场震惊世界的官司，居然赢了，陪审团判决麦当劳得支付两百多万美元罚款。虽然之后法官将金额大幅度减少，双方也私下和解，老太太没有拿到那么多。但是美国人可以将意外伤害官司打到极致这点让全世界刮目相看，也使得越来越多的美国人在这个案子之后跃跃欲试，加上唯恐天下不乱的那些律师在背后怂恿，以至于很多美国人效仿这类意外伤害而起诉这些快餐公司，只是绝大多数都没有被受理而已。

意外伤害这种官司对美国任何大公司来说都是个烫手山芋，有老太太本来骨质疏松，大冬天走过银行驻地门口滑倒摔断骨头指责银行没有及时铲雪；有人在公司大楼卫生间滑倒指责该公司没有及时将地板拖干净。这类匪夷所思的官司都发生在美国。此外，美国面试应聘者时有很多忌讳之处，不是指应聘者，而是指招聘者，否则可能带来官司。比如在中国，投递简历时都会写诸如"中共党员""民族汉""年龄22"或者"2000年出生"等字样，这些还可能是关键性信息，如果不写，招聘者不仅会问，还可能视其为马虎，从而降低其分数。但是在美国，招聘者不能问应聘者的政治倾向、宗教信仰、身体重量、年龄大小，这些都可以作为落榜应聘者向法院起诉的原因，比如起诉招聘公司年龄歧视，嫌自己老，如果招聘者不小心问了对方，最后却没有雇用的话。

三、不能怂恿官司增多

这种鸡蛋里挑骨头指责对方的官司只要产生社会效应，击中了人性的软肋，绝大部分诉讼都会以和解收场，起诉者可获得可观的赔偿，律师大出风头也大赚一笔。而被控的大公司虽然损失一笔钱，但是同样提高了知名度，真打广告还不见得比这个官司效果好。

为什么美国诉讼那么多？律师太多是一个原因，法律太严格也是原因。美国人将常把"这是个法治国家"这句话挂在嘴边，而且还会加上一句"法律是很严格的"。所以人们常常以"你找我律师去"这句作为结束语，把"我要告你"作为口头禅。这个国家是个多种族的综合体，宽厚又慈悲的人和刻薄又狭隘的人都很多。有人对这种官司嗤之以鼻，有人则对此津津乐道。

当然，那些无事生非的律师并非什么官司都打，他们会评估每一个案例，找到对其有利的机会，尤其是找那些财大气粗的公司，特别是那些经不起时间和事件发酵的公司，比如说银行、保险公司、大型企业，而受理的法官则期待自己的判决成为一个案例，从而名垂青史。

专门打这种意外伤害官司的纽约律师，尤其是一些犹太人律师聪明的地方在于他们会甄别案情，看看这种意外伤害发生在什么地方，如果是大银行、大保险公司、大企业办公楼里，他们就会接手，如果发生在平民百姓家他们就会拒绝，因为无法漫天要价，即便赢了也不见得能执行。

此外，他们还可以宣扬这是正义之举，维护弱势群体，惩罚了财大气粗的公司。麦当劳案之后好多年，美国各州出现了一堆因热饮过烫对麦当劳、汉堡王等快餐连锁店提起诉讼的官司，但均无胜诉不了了之。但律师另辟蹊径、无事生非的习惯不改。在2002年，纽约州两位青少年在律师帮助下指控麦当劳故意隐瞒饮食风险，广告涉嫌欺骗，吸引顾客一次次光顾，从而造成了肥胖症、糖尿病等问题，再一次引发世人关注。

说到底大家都在围绕着责任做文章。责任在不少美国人眼中就是风险，请客户来公司会谈担心客户滑倒跌跤，招聘时担心被应聘者告，和女同事出差担心言辞行为不对被起诉性骚扰，等等。所以要学会规避风险，开车买责任险，住房买房屋保险，出行买旅行险，总之把责任承包出去，听上去风险意识强，实际上也是不愿意承担责任。美国保险业是世界上最发达的，这和国民保险意识强有直接关系。

相比之下，我在法国工作那么多年，很少听闻类似的官司。在法国以及西欧大部分国家，律师没有像美国那样多如牛毛而且无事生非，他们被限制不能随便打广告；也没有那些不怕天下大乱的法官，整个欧洲大陆并非以判例法为主，而是以条文法为主，法官们因循守旧，不能随意发挥，也不能让自己的判决过于夸张。

至于普通百姓，则使这个社会有更多同情心和宽容，不会像美国人那样得理不饶人，直率甚至近乎刻薄地对待他人。经过法国大革命的腥风血雨之后，以雨果为代表的人道主义理念大行其道，影响了一代又一代人。当然，这还关乎荣誉，以及对金钱的理解，他们觉得赚意外伤害的钱是不道德的，有失尊严。在法国，如果朋友聚餐后回家路上车祸受伤甚至死亡，家里人会认为这是他自己的问题，不会将责任推到其他人身上。

第三十三讲　法律悖论之起诉荒唐

承认也好不承认也好，麦当劳式的诉讼案实际上影响到了国内的判决。

一、高龄老人倒地需要扶起

一个明显的事实是，在人类进入21世纪后，类似的"意外伤害"那种美国式判决开始在中国兴起。比如老人倒地不能扶起，比如朋友聚餐后还要承担醉酒撞车致死者的赔偿。这些案子至少在2000年前国人没听说过，如果再往前追溯到改革开放之前，那则是天方夜谭。

最著名、具有划时代意味的判决当属2006年在南京市发生的那起男青年彭宇扶起摔倒老人，将其送往医院，又垫付医疗费后，却被老人起诉的案子。在那个年轻法官判决助人者也要承担医疗费用之后，一段时间，老人摔倒无人敢扶。

我曾经就此案问过北京一位法官，令我吃惊的是这位法官的回答和南京当事法官几乎一样："如果他没撞人，为什么要送老人去医院？"

在这些法官眼里，似乎只有因果之间的联系，而不考虑仗义疏财、舍己救人这种曾经的做人本能。整个南京城有了这个前车之鉴后，多数人觉得在这个城市里"不是自己的事少管，多一事不如少一事"。

我周围的老人在这个事件后也曾摔倒在地，她明白无误地告诉围观的人，扶她起来不会有责任后，才有人伸手相助。每个人都会老去，身边也都有老人，中国现在已经是个老龄化社会，超过六十岁以上的人口将近三亿人，位居全球第一，最令人悲哀的就是在无助之年遇到无助之事。碰到这种情况时，心理学家给出的建议是，首先要大声呼救，其次要明确说明自己需要哪种帮助，最后也是最重要的一点就是同时强调对方施救不会有任何责任。

二、麦当劳式判决应该摒弃

彭宇案触动了国人道德底线，在人们多少年后仍记忆犹新时，这种"美国式"判决又有了新的案例。西安市鄠邑区法院审理一起因聚餐后酒驾死亡引发的纠纷案件，一名就餐者在回家路上撞车身亡后，其他三名共同聚餐的朋友被死者家人告上法庭，法庭判决这三名朋友承担连带责任，赔偿不同罚款，包括死亡赔偿金、丧葬费等。

惩罚他们的原因是没有履行劝阻酒驾的责任。这个新闻后面的跟帖是这样写的："聚会的饭店有责任，如果开在家门口，就不会有醉驾的事情；4S店有责任，就不应该卖车给他；我有责任，我在人群中看了他一眼……全世界都有责任，只有他和他的家人没有责任。"

这个事件提醒我们，邻里关系、友情观的教育是多么重要，尤其是那种责任感和羞耻心的教育。社会道德滑坡表现在成年人身上，反映的是幼年教育，就是那些素质教育，比如荣誉感、慈悲心肠、良心教育，而且这些教育需要从孩提时候开始。

如果说父母是孩子最好的榜样的话，那么孩子就是父母最初的良心，教育他们要在斑马线上过马路，而且要在绿灯亮起的时候，如果坐在车里则不能走应急车道，因为那是生命通道。孔融让梨是父母教育的结果，但是他在那么小的时候做出那样礼貌的举动，则反过来又教育了天下父母。

三、自负其责之心需要重启

拥有羞耻心和责任感的人知道自己的问题自己承担。这在现代小区式的中国居住环境中尤为重要。

在北方居住的人知道，夏天使用的山区度假屋在冬季来临前要吹水，就是在冬天到来时将房间暖气、浴室等生活用水清除掉，免得管道冻坏。我们那个小区吹水公司之前几年干得好好的，大家都比较满意，但是有一年冬天突然宣布不干了，原因是责任大，个别住户管道冻裂了，认为是没有吹干净水所导致的，要索赔，而赔偿修缮的费用远远高于吹水的费用。

吹水公司一般都是小公司，他们表示责任重大，住户管道冻裂了赔不起。于是大家僵在那里。但是吹水是个刚性任务硬指标，冬天不住不开暖气就必须将水吹掉，否则在零下三十度的山里肯定冻坏管道。相比之下，吹水后有可能因为没吹干净冻坏管道，只是这种可能性很低。

于是我发起免责声明接龙："按照吹水公司价格支付吹水费用，万一冻坏了水管责任自负，和吹水公司无关。"信息发出去后，很快大家纷纷响应，短短一天时间就有几十个人在群里接龙。于是突然有多家吹水公司出现在群中，服务价格不仅没有上涨，还都表示会提高服务质量，认真吹水，争取不会出现之前那种问题。隔一天后，原来吹水的、表示责任重大不肯继续的那家公司也现身了，声称在这种免责情况下，愿意竭诚为大家服务。

事实上，做任何事情都有责任的问题，说大可大，说小也小。它可以是一个主观的问题，那就是在潜意识里你自己承担，一开始就这样想。它也可以成为一种客观问题，如果你自己没有准备承担责任的话。

推卸责任可能是很多人的自然反应，敢于承担责任才考验一个人的品性。成事者往往是那些敢于承担责任的人，而投机取巧、两头都想占尽便宜的人最终会被识破，而且他也会遭到良心的谴责。

第三十四讲　法律悖论之良心宣扬

为什么这种意外伤害的判决影响这么大,以致于后来很多国人对老人倒地熟视无睹,路见不平不再拔刀相助;以致于主动倒地"碰瓷"的老人频繁出现,让无辜之人承担医疗费用。

一、美国的判例法

只是麦当劳诉讼背景与我们不同,美国是判例法国家,一个经典的判例会引发后人的仿效,所以那些面对新情况的法官可以标新立异;一个经典诉讼也会鼓励更多类似的案件,所以社会上无处不在的律师都在寻找战机。此外,美国有一些律师专门喜欢接一些穷人的官司,从而占领道德高地,向那些大公司宣战,期待着一战成名。

另一个重要不同是,英美法系中陪审团的判决是一种良心审判,陪审团成员不必具有法律知识,也不必为法律条文束缚,他们只需辨别对错,当然前提是全体一致,十几个成员中有一个人持异议都不行。

美国司法独立使得法官有较大的个人裁量权,他们都是社会备受尊敬的人物,他们甚至是正义的化身,法官们无论年龄大小、资历深浅、职级高低,判决尺度大小均独立决定。他们都不会听命于上级指示、屈服于其他部门的压力,甚至对此嗤之以鼻。他们既不会将社会稳定和国家利益当成判案标准，也不会和稀泥，没完没了地进行调解。虽然他们的判决有时比欧洲法庭夸张很多，也知道他们有这类夸张性惩罚大公司的例子，但我还从来没有听说聚餐后有人回家被撞死竟然判决聚餐人赔偿的。

二、中国的传统文化

中国传统文化是一直强调"自省"精神的，孔子在《论语》中便有"吾日三省吾身"的教诲，儒家的这个自我反省的方式一直受后人效仿，实际上批评与自我批评也是一种自省。通过自我反省完善个人道德，和西方人的忏悔有异曲同工之处。事实上，无论是那个被撞倒地的老太太，还是那个酒驾身亡者的家属，在起诉别人之前就应该自省，承担起自己应该负的责任，而不是让其他人为自己担责。法官更应该秉持正义，而不是和稀泥，让双方各让一步，求得皆大欢喜的效果。因为即便真相无法还原，良心却不容亵渎。

忏悔在西方习以为常，而且改正错误的速度也快，因为他们坚信，意识不到自己的过失，是更大的过失。我在法国工作时就有这种例子，争抢车位后，法国人意识到是自己的错误，确认是对方在先的话，他会等到对方走出超市，主动上前道歉，立即忏悔。

三、法国的心灵净化

被恩格斯称为"辩证法的杰作"的作者卢梭曾经写道"没有可憎的缺点的人是没有的"，这既是他对人的一种看法，也是他对自己的一种认识。即便在恶浊的社会环境中，虽不能完全做到出淤泥而不染，但在重大的问题上，却难能可贵地表现出这种节操。卢梭还因为自己"人格高尚，决不想用卑鄙手段去发财"，而辞去了天天帮人写诉状的工作，抛掉了当讼棍的前程。

每个人心中都有一杆秤，在个体和社会之间，都有向自己偏移的倾向，就像每个人本能都自私自利一样。而社会的责任，无论是满腹经纶的律师、守护司法公平正义的法官、铺天盖地的舆论媒体，还是无处不在的公权力，应该做的就是在天平另一侧适当加码，使得两边平衡，而不是任由个体那一头不断地沉沦下去。法院和法官在价值观上负有引众向上的责任，而不是做出引众向下的示范性判决。这背后支撑的绝不是领导意志和周边压力，甚至不是生硬的法律条文，而是良心。

我们国家承继的是大陆法系的理念，以条文法为准则，但是十几年来，却受着英美法系案例判决的影响。那句"如果不是你撞的，为什么送他去医院？"出自法官之口的质疑直接挑战人们的良知。老人倒地之后扶不扶？扶得起的是责任，扶不起的是良心。

从审判角度，当法律既不能证其对也不能证其错时，我们最好凭良心，也只能听从自己的良心。

法律只是最低的良心，而良心才是最高的法律。

第三十五讲　纽约悖论之城市破旧

很多人不喜欢纽约是有原因的，城市破旧，居民粗俗，没文化，这些都是实际情况，不少法国人也这么看。问题还不止这些，我至少还要加上一个：法律太严。这也是有原因的，我住过纽约，有过切肤经历。

一、落后的公交

其实我开始也不喜欢纽约，20世纪90年代中期第一次去是旅游，几年后再去就是工作了。刚从巴黎这样的城市生活多年再转过去的，是带有点优越感的，或者从另一种角度说是一种不知深浅的心态。不仅我，大部分法国人都是这种心态，他们在历史上一直是美国人效仿的对象，独立战争期间法国人甚至远渡重洋来帮美国人打仗，连纽约入海口的那座极具象征意义的自由女神像都是法国人送的。当然了，也是因为他们拥有巴黎。

刚到纽约工作时很担心那里的公路。我经常走的是西快线，就是沿着哈德孙河南北向的那条行车线。本来挺好看的一条快速路，只是经常从那里行车的我注意力每次都集中在路上，而顾不上观赏沿途景色。因为到处都是坑坑洼洼，颠簸不平，有的坑大过脸盆，蹭到了车底盘。在这条路上行车如同行船，总有晃悠晃悠的感觉。

我回国多年后想起这条当年回家的必经之路，问在那里工作的朋友，他一脸不屑地回答说："还那样！"

当然随着社会在一点点进步，当地政府也慢吞吞地修，差不多用了十年时间。这条著名的西快线终于成了既能行车，又能跑步，绿树成荫的滨河大道。

一条公路好修，整体市容难变。在纽约市其实不适合开车，交通堵塞不说，停车费太贵，一小时相当于人民币几十元甚至上百元，是我缴费最贵的城市。所以大家都弃车步行，乘坐地铁上班。纽约地铁有百年历史，声音很大，老旧得很，还带病工作，日复一日勤勉地运送着潮水般的工薪阶层，其状况无法和巴黎地铁相比，也无法和后起之秀北京和上海地铁相比。纽约地铁一直是边运行边维修状态，几乎每周都有停运维修的列车。地铁入口也很小，很多进站口只能容两三人并行。

和巴黎地铁大量使用钢筋混凝土结构相比，纽约地铁很多地段都用大尺寸的工字钢支撑，在月台上随处可见这样的金属柱，漆成绛红色，上面有个头很大的铆钉。我多次见过黑灰色老鼠在铁轨和枕木之间窜来窜去，比手掌还大。加上被人推下地铁的事故经常见到报道，每次乘坐地铁时我都小心翼翼站在月台中间工字钢的后面，必要时一只手扶着工字钢，即便被撞倒还能有支撑，不至于一下子掉到车轨上。因为月台不仅没有防护栏，还窄得和北京地铁完全不能相比，只有几米的宽度。高峰时刻下车的人出不去，上车的人就进不来。

二、陈旧的住宅

至于说到城市建筑，巴黎以及其他西欧大城市的房间都是小而精致，纽约房间则大而浪费。纽约市一居室房间面积足够建成巴黎的两居室，我就改建过一个，把纽约市的一居室隔成两居室，仍然比巴黎两居室大。整体讲，纽约市建筑风格就是大厅、大厨房、大阳台，符合当地人大块头身材，也容得下体积超大的电器。

纽约人长期以来习惯用美国本土生产的那种个头很大的冰箱，方头方脑的很占地方，内存空间大而浪费，电量消耗多。家用空调基本是标配，恨不得有1米长，又宽又笨，还常常固定在窗户下，占据了室内很大一块空间。空调开起来轰轰作响，外置部分还时常向外滴水。美国人怕热不怕冷，一到夏天炎热季节，家家大开冷气，户户凉风习习，于是空调滴水更甚，走在楼下就有下雨的感觉。

很多人都看过的电影《教父》就是20世纪70年代中期在纽约市拍摄的，介绍的是一百年前的场景：那些破旧的红色砖房，防火通道设在窗外，黑漆漆的铁梯，既方便住户逃生又方便窃贼入室。如今，这些场景还在那里，几乎没有什么改变。我甚至按图索骥，找到了其中一个重点拍摄场地，就是教父家的那个房子，在斯坦登岛上。半个世纪过去了，那个棕色屋檐、黄色墙壁的房子还像拍摄当初那样，没什么变化。

所以在纽约地段很重要，高档街区街道干净整洁，低档街区虽然破旧，他们也不修。都是私人住宅，修不修是住户自己的事，如果他们不想美化外部环境，当局也不强迫。政府预算不充裕，很大一部分还要用于反恐和社会治安。不过，预算紧张也不全是坏事，至少在纽约那几年没有见到他们重复修路，那样会被老百姓骂。因为政府的预算来自社会税收，浪费预算就是浪费百姓的血汗钱。

作为全球最大的城市之一，纽约当然也有那些高耸入云的建筑和土豪般的装修，最典型的就是特朗普大厦，外部玻璃在阳光下照得人晃眼，入口处抬头望去，想看到楼的顶端总是有些吃力，进去后内部四处金碧辉煌，里里外外的画面都冲击着你的视觉，一座庄重严肃的办公大楼弄得像皇宫似的。

三、粗俗的民风

习惯了法国人迂回的开场白和复杂思维方式的话，刚到纽约你就会感到不适应。当地人直来直去，直奔主题，还喜欢突出问题严重性，更强调不好的一面，而不是好的一面，明知道可能会出现尴尬，还让对方下不来台。

我刚到纽约就碰上这种事，一个当地影视界人物通过朋友介绍，请我们为其做一个中国市场调研，结果在我们提交调研报告后对方却无意付费，还指责那份花费我们一定精力和时间成本的报告对他毫无用处。我当时对其就有"得了便宜还卖乖"的印象，因为任何东西都可以说成是无用的，除了衣食住行。这份报告虽然不长，也是按照商界规范方式写成的，在巴黎就会受到重视和礼貌的对待，至少要表示一下谢意。鉴于此，我以后不再和当地影视界打交道。

作为刚到纽约的外国人,我当时只是一个无名之辈。不过,即便面对名人和权贵,当地记者可能也会让他下不来台。人们平时言语粗俗,记者提问时也相当尖锐,好像和你有仇似的。新型冠状病毒疫情在美国蔓延期间,纽约成了重灾区,感染人数不断攀升,呼吸机严重短缺。一个电视台女记者对话时任总统经济顾问纳瓦罗,问他美国需要上百万台呼吸机,他能否做到?纳瓦罗像往常一样想用长篇大论指责他国拖延,指责上届政府不作为,但是女记者不予理睬,直言他啰啰唆唆浪费大家时间,连这么简单的问题都回答不了,教训这个权倾一时的白宫高级官员像教训孩子一样,而她自己看上去只和纳瓦罗女儿一样大。

美国人直率吗?美国人当然直率,年轻女记者敢于质问长辈名人。

美国人撒谎吗?我在纽约见到的美国人都是有什么说什么,不加掩饰,不卖关子。但是政治家不同,"9·11"事件以后时任总统小布什发动了伊拉克战争,悍然入侵了一个主权国家,声称伊拉克拥有大规模杀伤性武器,虽然有不少西方国家盟友跟美国站在一起,但世界上更多国家不相信。多年后,所有人都知道这不是真的。

或许还是影视界的例子说明问题。

四、优秀的电影

《教父》是一部经典电影,多次看才能明白其中的道理。在影片开头那个热热闹闹的婚礼场面,主角小教父迈克携年轻貌美女友登场时一身戎装英俊帅气，在这个黑帮家族中独树一帜，是个另类。当女友被旁边那个面相凶恶还自言自语的大块头宾客吓到，问这是谁时，迈克很直率地告诉她这个人和自己父亲的故事。他们两个人曾经用手枪顶着乐队经理的头，逼着他签字，让走红的歌手，也就是自己的教子自立门户，否则他的脑浆就会溅到合同上。

看着女友吃惊的目光，迈克平静地说："这是我的家庭，不是我。"面对心爱的女友，他可以胸怀坦荡直来直去，让她知道家庭真实的一面，不要被豪华婚礼和宾客云集的假象迷惑，他也清楚地把自己和家庭划出了界限。女友立即明白了她将面临的是一个背景阴暗而凶残的家庭，以及一个决心不同流合污的正直军人。现实一下子变得清晰，取舍在于她自己。

但是在影片结尾，还是他们两人直面相对，女友已经是忠实的妻子和尽职的母亲。当她初心依旧，要求知道真相时，已经继位教父的这位前美国海军陆战队军人就违背了自己曾经坚守的承诺。因为他继承了这个家族血脉，成了黑手党老大，肃清内部叛徒是他的责任，维护家庭利益是他的义务，家法是惩戒式的，手段是残酷的。他不仅无情消灭了外部敌人，还下令处死了背叛家族的妹夫，让他妹妹一夜之间成了真正的寡妇。之后，面对始终心地善良的妻子同样的追问，他选择了欺骗。就如同在电影开头面对女友的疑问，他选择了坦诚一样。

《教父》就是在纽约拍摄的，小说也是在纽约酝酿的，作者普佐就是纽约人，是在纽约出生和成长的意大利人后裔，他笔下的人和事都有现实的背景。他写作的年代就是意大利族裔黑手党在纽约猖獗的时候,曾经当街火拼,还在小意大利区餐馆当着众人面将正在用餐的对手打死,跟小说和电影中描述的一样。我还专门去过这个餐馆,在附近街区漫步很久,觉得这种描写寓意深刻。

第三十六讲 纽约悖论之法律严酷

从国际大环境来说,美国是个法律执行严格的国度,纽约是个行事刻薄的地方。纽约的地铁里会看到这样的公益广告:"看到什么,就说什么。"

一、鼓励告发的习惯

虽然这个地方没有国内那么多摄像头,却鼓励人们告发,看到就告。告发种族歧视行为,告发性骚扰行为,告发夫妻打架行为。"我要告你"是争执双方的口头禅,"电话报警"是当地人的习惯。虽然纽约也是人力资源严重缺乏的城市,警察却好像永远充裕,一叫就到。

在每个新年零点时刻,也就是12月31日那个世界各国都狂欢庆祝的晚上,在激情之下人人都可能有亲密接触的冲动:如果你在巴黎香榭丽舍大街上敢于亲吻一个陌生的法国女孩,她可能回你一个甜美微笑;如果你在北京三里屯亲吻一个陌生的中国女孩,她可能给你一巴掌;如果你在纽约时代广场上亲吻一个陌生的美国女孩,她可能告你性骚扰。

在美国和女同事一起出差,有经验的男士都会特别小心,勾肩搭背,举动过分亲热,对方喜欢你就没关系,不喜欢你的话就可能吃官司。事实上，男人之间也不能随便碰，不小心碰到的话一定要马上说对不起。相互之间保持一定距离是这个社会的约定俗成，保持心理上的和物理上的距离，就像个不成文的规定一样。

如果不知道保持这种距离，付出的代价会很大，尤其是面对纽约警察。去纽约之前最好学会几句实用英语，比如"待在那里""不要动""把手举起来"等，而且是美国口音那种，因为你说的话他们也可能没懂，那样就更危险。

不要对纽约警察的话置之不理，更不要主动靠近他们，除非被要求这样做，如果你不想有生命危险的话。美国是一个人人都可以拥枪自卫的国度，买枪不比买菜难多少。

二、社会佩枪的传统

从法律角度看，无论你在巴黎待多久都可能始终是一个正常人，住在纽约则可能让你成为一个罪犯，或者成为一个罪犯的牺牲品，假如你不够小心的话。那是一个既能让你上天堂，也能送你下地狱的地方。

在法国被执法人拦住，你可以和警察据理力争。到了纽约碰到美国警察你最好闭嘴，他们可是荷枪实弹，而且从不吝惜子弹。一旦开枪可能连击数发，甚至将弹夹内子弹打光。所以一旦被枪击，中弹就不是一颗，被击倒的人几乎没有生还希望。

保持距离是重要的，不仅面对警察，也面对同事。这种距离可以视为界限，就是个人自由的边界。人人都希望自由，就像匈牙利诗人裴多菲写的那样:"生命诚可贵,爱情价更高,若为自由故,两者皆可抛。"但自由的条件是不能妨碍他人。法国大革命时代的国民公会颁布了一个令后人景仰的原则:"一个公民的自由是以另一个公民的自由为界限的。"

这个原则告诫人们无论在哪里都没有纯粹的自由,自由都是相对的,是在不妨碍他人,不妨碍社会的基础上的,同时,要以合法的方式行使自由的权利。如果你个人自由妨碍了他人,妨碍了社会,那么对这种自由就要加以限制。

两百多年前的法国大革命杀人如麻,到了后来革命者也互相残杀,但是在这个时代也产生了社会准则,就像雨果描述的那样:"巴黎国民公会发射的光芒在人民的天空上永远可以看得见。这些光芒就是正义、信仰、自由、仁慈、理性、真理和爱。"国民公会在短短几年中颁布了上万部法律,其中三分之二是关于全人类的。它宣布了普遍的道德是社会的基础,普遍的良心是法律的基础。

三、不乏英雄的城市

同时,巴黎国民公会宣布了这个伟大的真理:贫穷应该受到尊重,残疾应该受到保护。将此真理延伸的话,生病的人就应该得到医治,传染病患者也不应该受到歧视。两百年后,这些原则已经成为全社会的准则,像试金石一样,通过一次次的重大灾难叩问着一个社会的道德水准。

疫情蔓延期间美国明尼苏达州心脏病学女医生驾车超速被拦

下，州警查验证件后教训她，超速是不负责任的，一旦发生事故不仅会占用宝贵医疗资源，还无法帮助患者。训诫过后，州警见到她包里有两个重复使用的口罩知道她是疫情医护人员后，不仅没有罚款，还赠给她五个N95口罩，那种珍贵的口罩是州政府提供给警察防感染用的。

女医生以为会收到一个重重的罚单，得到的却是一份厚厚的温暖，看着冷风中离去的州警，这个心脏病专家坐在车中，低声哭了。

这种情景在纽约警察中也可能发生。灾情下纽约那个明星州长科莫向全国发出了征召医疗志愿者呼吁，结果收到高达五万份医生和护士申请，有的甚至签下志愿书，一旦染病不追究院方责任，如果被病毒感染生命垂危就放弃插管和呼吸机治疗，把宝贵的医疗资源让给年轻人。同时还有航空公司为志愿者提供免费机票，五星级酒店为医务人员提供免费住房。

自"9·11"事件后人们就知道，大难临头时，纽约从来不缺乏扭转乾坤的人士，这个城市也从来不缺乏英雄。

我当年在纽约申请到驾照后，发现它和我领到的任何国家的驾照都不相同，翻过背面有遗体捐赠签字栏，上面简短一句话大意是，如果不幸发生车祸，我自愿捐赠遗体。我想没有什么比这种贡献更直接、更有意义的了，于是在上面写下了自己的名字，这样这个社会就多了一具潜在的供医学实验的人体……有些事不用那么复杂。

第三十七讲　纽约悖论之文化缺失

纽约没有文化吗？历史上确实没有，或者说没有欧洲那种文化。三百年前流亡在英国的伏尔泰写作《哲学通信》时，曼哈顿还是一片荒蛮之地，这个岛周边龙虾多得可以用棒子打。现在龙虾没了，人类多了。这些欧洲人后裔懂得购买文化，学习文化，然后创造文化。

一、文化的引入

美国建国虽然只有两百多年历史，但是这些欧洲子民继承了祖先的传统，他们给这片大陆带去新的思想。富裕了以后，他们就四处收购，纽约大都会是世界上最负盛名的五个博物馆之一，在巴黎协和广场能看到的古埃及尖碑在大都会后院也能看到，这个博物馆拥有200万件馆藏，可以和世界上任何一家博物馆媲美。

除此之外，纽约著名的自然历史博物馆拥有恐龙化石，展览着几乎人类出现后的所有已知动物。还有现代艺术博物馆、古根海姆博物馆，这些在全球范围内都是响当当的名字。可以说，在巴黎能看到的各种绘画流派基本上都可以在纽约找到。

美国人也继承了欧洲近代先进思想，在北美这个长时间荒蛮的土地移植的文化是多重的，英法两国的政治思想、经济手段、法制观念都逐渐在这块新大陆生根发芽，生长出社会实践和新的理论。

不仅纽约，整个北美都是在一张白纸上构架蓝图的，没有文化就没有文化的困扰，没有历史也就没有历史的羁绊。

所以，要是一定讲历史、文化以及我经常提及的饮食文化，纽约仍不敌巴黎，恐怕永远也敌不过。只是，除此之外呢？

对纽约的偏见，尤以法国人为重，我也难以脱俗。二十年前我在巴黎工作时，欧元正在统一，西欧内部各个国家正在争论，一旦形成欧盟，货币都统一了，得有个通用语言才好，于是为这个统一的联盟究竟讲法语还是德语而争论不休。英语当然也是个选项，可是大英帝国连欧元区都懒得加入，为什么各个国家还要讲它的语言？那时候连法国常驻国际货币基金组织总干事都讲很烂的英语，这个国家不屑于讲这个语言，他们还沉浸在几百年前先于英国称霸北美的心态中。

现在你去香榭丽舍大街问路，几乎所有当地法国人都能用英语给你指方向。

二、偏见的消除

纽约城市虽然破旧却有着最土豪的建筑，纽约居民粗俗却敢于对权贵做最无情的拷问。这个城市曾经没文化，却有那么多创新者、企业家、金融翘楚，尤其是慈善家；这个国家曾经没有文化，却有那么多科学家、诺贝尔奖获得者。这是一个矛盾的城市，这是一个矛盾的国家。

走在巴黎街头闻到的是烤面包的清香，走在佛罗伦萨街头则是比萨的味道。在纽约则是混合气味，在小意大利区没走多远，过一条街就到了中国城，一会儿这种，一会儿那种。虽然就像纽约最好的意式餐厅不在小意大利区一样，最好的中餐馆也不在中国城，但是它们都是纽约最像意大利和最像中国的地方。它们同时在展示着这两个族裔的坚韧和勤勉，都能在异国他乡生生地挤出自己的地盘。

在巴黎和纽约生活工作多年回国后，人们总是习惯性问我最喜欢哪个城市，我也常常回答如果从生活角度我喜欢巴黎，如果从工作角度我当然喜欢纽约。巴黎的文化气息浓厚，生活安逸，度假频繁，但是作为一个外国居住者发展空间有限，而且一次次罢工就会破坏所有气氛⋯⋯相比之下如果你有创意有激情也很勤奋，在纽约则会有更多的机会和更大的发展空间，而且美国没有法国那么多没完没了的假期，也没有那些铺天盖地的示威游行。

这个世界没有一个对任何人都理想的城市，只有更适合你的地方。

懂得这点就没有那么多纠结了。

CHAPTER 7 第七章

温故知新，从学习故事内涵开始

第三十八讲　从《教父》中学责任

外语专业的人都知道学习中有精读和泛读的说法。顾名思义，精读外文就是仔细阅读，理解文中意思，记住其中词汇，甚至能够背诵其中段落。泛读就是泛泛阅读，粗略知道大概，温习一下常用的词句，看过就过去了。

其实读书也是如此，如果有时间最好多看，就像那句古语说的"行万里路，读万卷书"，没有太多时间的话，就要选些自己喜欢、难度又不大的书籍阅读；如果脑子好，记忆力佳就读些杂书，各种领域都涉猎些；如果时间不足，精力不够，脑子也不灵光的话，建议读些历史上的名著，拿出有限的时间和有限的智力时常温习之。就是说，只读那些能提起个人兴趣的、耐读的名著，之后最好不断地精读，重温经典，直到有所收获。

比如我鼓起勇气读了人生中第一部英文小说《教父》，之后多次重读部分段落甚至全书，不仅在阅读中享受了乐趣，还学习了外语。至于之后改编成好莱坞大片风靡全球的那部电影，从20世纪70年代末引入国内后我就看过很多遍了，欣赏了白兰度、帕西诺等人出神入化的演技，享受了跌宕起伏的情节，还学习了那么多的人生道理。

一、家庭观

和许多人一样，我也是从《教父》这部电影，而不是其原著开始着迷的。不过电影和原著一样，描述最细致、给人感受最深的就是家庭观。序幕刚刚拉开，由白兰度饰演的老教父正在表达对大儿子托尼的不满，因为后者结婚后还和别的女人鬼混，在对其不检点行为公开表示轻蔑后，告诫在场所有做丈夫的："一个男人如果不照顾家人，不花时间陪伴家人的话，就不是个真正的男人。"

在这个不怒自威、一言九鼎的老教父眼里，家庭是个人最温馨的社会单元，比在此之上的任何社会组织都值得信赖，所以要花时间维护，花时间陪伴，花时间交谈。瓦解男人意志的或许是情场，也可能是职场，社会可能过于冷酷，但家庭则是唯一能给人最初和最后慰藉的港湾。

真正的男人是顾家的，会施爱于每一个成员。即便像老教父那样，冷酷表情之后也藏着深深父爱：当对行为莽撞、情绪冲动、和纽约毒枭谈判时多嘴的大儿子不动声色指责时；当对性格懦弱的二儿子危机时刻不敢冲上去保护自己，却宽容以待时；当在婚礼现场，小儿子迈克不到场就拒绝拍全家福时；当重伤住院，又面临黑帮再度谋杀，突然看到冷静沉着和自己年轻时一样的迈克孤身前来保护自己，流下男儿不轻弹眼泪时；当养病期间听到心爱的小儿子为救父亲涉嫌杀人亡命海外，为之心碎，向手下示意自己想一个人独处时……这个铁一般意志的老教父展示出来的男人之爱无法不令人动容。

在生命最后时光，阳光下的家中花园，枪击后身体没有完全恢复、疲惫不堪的老教父和小儿子迈克，也就是未来的小教父坐在一起，说出了自己本来的期待，同时也留下了看似简单却让其后人终身受益的格言："我费了一生的精力，试图不让自己变得十分粗心。女人和小孩们可以粗心，但男人不可以。""我为自己的家族工作，拒绝成为大人物手下的傀儡。"

因为在那种警匪勾结的社会中，男人粗心的话，丢掉的可能是身家，甚至是性命。因为在那种贪腐成风的官场中，成为傀儡的话，丢掉的可能是尊严，而这正是黑帮老大最看重的地方。这也是这场硬汉与硬汉之间最温柔的对话中，长辈能给予子孙的最诚挚的教诲，家庭和血缘关系是永恒的，父子的亲情在这里显露无遗。

二、忠诚度

对家庭的看护还意味着忠诚。

老教父对婚姻是忠诚的，贫困也好，富裕也好，始终和他的意大利妻子相濡以沫。在外他掌握生杀大权，对内则是称职丈夫，在打打杀杀成了家常便饭的黑社会中，他没有向妻子动粗，也没有大声骂过，因为"她没给他这样的理由"。小教父也是忠诚的，社会上那么多的诱惑，他也掌控了赌场、声色场所和那么多年轻貌美女人的命运，但是和父亲一样，他认为在情场和性生活方面的随意会瓦解一个男人的意志，从而影响其作为决策者的判断力。

他们对友谊是忠诚的。只要成为朋友，他们可以拔刀相助，替女儿被施暴打断下巴的朋友解决在法庭上解决不了的问题。既然那几个很有来头的打人者无法在公开场合下被处以公正的惩罚，那就在私下里让他们断胳膊断腿，住院时间比受害人还长，从此以后他们就会胆战心惊，不敢正视受害人一家。

如果对家庭不忠，那么最轻的处罚就是严重警告了，即便是自己的亲人。在拉斯维加斯那场本来应该是一场疯狂派对，在视美女若无物的小教父迈克坚持下戛然而止，最终变成一场对手之间的激烈较量，迈克当着众人的面告诫自己亲哥哥："尽管我爱你，但不要联合外人对抗自己的家族，永远都不能。"

那是一种明白无误的警告，看上去不带威胁，却暗藏杀机，无视警告之人将会受到严惩，背叛者将会丢掉性命。保利是家族中备受器重的打手，因为替对手通风报信置老教父于死地而被处决。那场戏拍摄在哈德孙西岸一片深秋的芦苇荡中，远处是帝国大厦和纽约自由女神的巨大塑像，报应就是如此简单，有时连警告都可能没有。

至于勾结外敌、暗地里设下圈套害死兄长的妹夫卡洛，自然罪不容赦，但他毕竟是妹妹的丈夫和自己教子的父亲，即便掌握了一定的证据，小教父迈克还是循循善诱，安排了处决前的家庭审判，让卡洛自己亲口承认犯罪事实，之后对卡洛处以的绞刑让人胆寒。那是一场家族内男人之间的半公开处决，由相互熟悉的人来执行，让家族主要成员都亲眼见识一下：背叛者就是这样的下场！

三、责任感

对家庭的看护还意味着责任。

有家庭观必然有责任感，尽管责任感不只是来自家庭观。小教父迈克去空荡荡的医院看望身负重伤的父亲，俯下身来亲吻父亲的额头，眼泪从老教父的眼角慢慢沁出来，这个意志如同钢铁般坚定的男人这个时候显得那样无助，身边所有的保镖都被对手设计赶走，但是他在钟爱的小儿子身上看到了希望，因为儿子冷峻而刚毅的神情表明他感受到了什么叫血缘，什么叫责任，在血缘和责任面前，让所谓的美国价值见鬼去吧！

迈克只身在空荡荡的医院，面对布满杀机的漆黑夜晚，面对荷枪实弹的黑社会打手，他表现得沉着坚毅，而那个碰巧前来探视的邻居被他改造成临时保镖则吓得连烟都点不着，看到这里，你内心会感到震撼。

走进医院前还是一个循规蹈矩、遵纪守法的大学生，走出医院后的迈克就像受到了一次腥风血雨的洗礼，迈出了他人生中最重要的一步，做出了一次令他后半生转折的决定。这个二战英雄、曾经视捍卫祖国为己任、对黑社会做法不屑一顾、积极向上的青年由此告别光荣的美国公民，义无反顾地成为一个未来的教父，在"保家"和"卫国"之间，这一次，他选择了前者。

之后他果然不辜负期望，力排众议，冒着有去无回的风险，单枪匹马干掉了谋杀父亲的凶手和同谋的警察局局长。在谋杀行动前他只是深情表示，很高兴为养育自己的父亲做点什么，有所回报，就像一个知恩图报、懂得如何偿还债务的人一样。只是，他肯用生命来报答这个养育他的父亲，尽管之前他那么不想与黑帮为伍，那么不想继承家业整天打打杀杀，但是当家族危难时刻来临，在个人兴趣和家族利益面前，在个人前途和家族荣誉面前，他不再迟疑，挺身而出，遏制住乱局，成为本来不想成为的黑帮老大。

电影放映后，老教父的人生观受到尊敬，电影中的台词被人背诵，就连他们讲话的意大利口音都让人模仿。在这部电影面世的几十年后，我来到纽约工作，发现人们交谈还时不时地用其中的语句，你很难想象，一部电影而且还不是多大成本拍摄的电影受到如此广泛的追捧，经久不衰，历久弥新。

有道是"读书破万卷，下笔如有神"，这句话说的道理至少在我这里没有应验。我读过的书多，写过的文章也不少，但是二者之间似乎并没有直接联系，至少好像我没因为书读得多而下笔如有神助，倒是看到过不少人喝酒后如有神助，话说得多还挺精彩。

每个人的时间和精力是有限的,没有多少人能像撒切尔夫人那样一天只睡几个小时,其他时间都可以精力充沛地用来学习和工作。不一定读书破万卷,有些书不读也罢。但是要了解经典,重温经典,精读经典,因为那里有人类共同的价值观。

第三十九讲　从实践之中警惕败家

任何一个社会，在追求富裕的过程中，都要警惕两种逐利和短视倾向，一种是乱花费父辈留下的财富，可以称之为个体败家子；另一种是糟蹋前任留下的资源，可以称之为公众败家子。两者消耗的都是存量，但是这中间有着巨大的不同，因为前者消耗的是私人财富，属于个人问题，影响面小。后者消耗的是公共资源，属于社会问题，影响面大。这两种反映的都是急功近利、竭泽而渔的倾向，前者是富二代的问题，需要自身和周围人的教育，以及社会公德的培养；后者则是管理者的问题，需要社会监督和法规制约。

在我们这个经过四十多年高速发展、日益富裕的社会，这两种败家现象越来越普遍，也越来越具有相似性。

一、共同的毛病：缺乏尊重

败家子都有共同的毛病，就是对上一代缺乏尊重，因而不重视存量，不重视上一代留下的物质资产，也不重视上一代留下的精神财富。通常情况，所谓"家大业大"的财富是通过时间的积累和知识的积累才形成的。这种积累往往要经过几代、几十年时间甚至更长，但落败可能只需一代，甚至只需要几年时间。或者说，一个上升期需要艰苦卓绝的过程，而下降期则可能转瞬之间。

从个体角度，人们通俗地称为"败家子"的，是指那些不务正业、恣意挥霍家产的子弟。常常是"寒门出孝子"，而豪门贵胄容易出纨绔子弟。不过，败家子不见得一定是富二代，家产不多的家庭被后代败坏的也比比皆是。

经过四十多年的改革开放，几代人艰辛奋斗形成巨额物质积累，当下中国已经是一个全面小康的社会。尽管富二代超乎寻常的消费对这个社会国民生产总值，也就是人们常说的GDP或许有一点提升，让各地商场充满繁荣景象，然而他们中间的一些人造成的问题可能更大，造成的社会不和谐更严重。

和这些挥霍家庭资产的个体相比，公众败家子败坏的则是公共资源，而这种资源比之家族财富的形成期更长，几百年、几千年甚至更久。

"文化大革命"多年前已经被否定了，其对地面上的传统文化的破坏是巨大的，无法挽回，中国人都明白这是人类史上的一场浩劫，我们这一代人已经感到深深的忏悔。而改革开放后对地下乱开发造成土地、水资源和空气的污染问题现在也被认识到了，我们也明白后人将为此付出巨大的代价。

尊重历史，学会继承，无论对个人还是对政府来说都是一种美德。

二、共同的心态：只看眼前

败家子都有同样的心态，那就是行为短视。败家子都有那种

"今朝有酒今朝醉"的心态,对过去缺乏认识,对未来缺乏规划,看重的只是当下。他们可能知道自己拥有的物质财富,却不懂经营精神财富。

个体败家子败掉的主要是存量,最坏的结果不过是家产败光了,自己流落街头遭人唾弃。公众败家子则不同,他们败掉的不仅是存量,还是未来,是子孙万代赖以生存的土地、矿山和水资源。他们不仅败掉了祖宗留下的财富,还污染了后代赖以生存的基础。对于一个社会来说,后者是更大的祸害。

个体败家子缘于短视的家庭,而公众败家子则缘于短视的政府。对人类社会来说,短视的政府比之短视的家庭往往具有更强的破坏力。而且,短视政府造成的破坏很难修复,甚至是不可逆的。比如说城市街道建设,本来可以重复使用又好吸收的砖砌石铺的人行道偏偏改铺成水泥,看上去好像更好看也更平整,却隔绝了土壤和地面的自然联系,而土壤和人一样是需要呼吸的。同时,水泥属于硬化地面,就像硬化的皮肤一样无法复原,无法再生,以后重复修路时,这些水泥地和柏油马路地面挖出来的垃圾都是无法再利用、只能成为再度污染的废物。

相反,那些老式砖瓦石头铺成的路面则更令人怀念。记得多少年前天安门广场地面大修时,挖出来的一块块青砖被人争相收购,有的人买去作为文物收藏。即使不是天安门广场这样有纪念意义的地方,北京、上海这些城市街头所有土烧制的砖头,无论青砖还是红砖,都是可以回收再生的,扔掉也不污染环境。而加过添加剂,或者进行过化学中和作用后的柏油马路则不行。这也是丽江、阳朔这样的城市受到中外游客的一直喜欢的原因之一，不仅在于那里常年的青山绿水，也在于那里古朴的民居客栈，那里大块的青石板路，走在上面感觉像走近历史。

我服务过的公司的董事长荣毅仁先生曾任国家副主席，多年前因病去世，他曾经长时期居住的北京核心区四合院经其后代翻修改造、旧貌换新后，原来的青砖灰瓦、回廊画柱都没舍得扔掉，他们将其全部打包运往无锡，依样画葫芦建了个四合院，全是原汁原味，变成了荣氏家族博物馆，这里记录着祖辈们的生活点滴，传承着老一代艰苦朴素的精神，也顺理成章成了当地爱国主义教育的基地，还使得无锡市增加了一个旅游景点。

据此想起了法国的黄色砂土石建筑，典雅大方，透气性好，外面不用大理石贴面，里面不用内装修，甚至不用粉刷，还可以随意钉上钉子挂东西，无须强力枪钻打孔。

三、共同的偏好：喜欢炫耀

败家子都有共同的偏好，就是喜欢炫耀现在的自己，让一个败家子管理家族财富就如同让一个大搞形象工程的地方官员执政。

"高大上"是个近十几年出现的词汇，常常被热衷于摆谱的人挂在嘴上。对于个体败家子来说，就是要开豪车、住豪宅、去豪华场所，否则就显得寒酸。而对公众败家子来说，则是大兴土木，楼堂馆所都要建设得豪华壮观，广场可比天安门，政府大楼可比人民大会堂，百姓们来见得步上几十个台阶，就像来神殿参拜一样。

如果说我们这个越来越现代化的国家贡献了最多的产品，贡献了那么多千篇一律的政府行政大楼，成为世界工厂的话，我们也为这个地球贡献了最多的工业垃圾、建筑垃圾和生活垃圾。本来垃圾可以通过分类使得回收变得容易，垃圾也可以通过良好的社会治理使得总量逐年降低。

比如说随意堆砌装修垃圾这件事，为什么在我们生活的小区随处可见，而在西方城市却没有？因为西方城市物业禁止这种行为，制造噪声、制造垃圾的装修需要得到同楼其他邻居的预先批准，如果这些都制止不了的话当地警察也会立即干预，当事人不仅要接受处罚，还可能面临刑事诉讼。

此外，尽管我们房价涨了那么多倍，回收垃圾的价格却维持在十几年前的水平。只有政府出台鼓励回收垃圾政策、大幅度提高垃圾价格，同时加强教育，才能大幅度减少垃圾的产出。

如果按人均钢铁消耗量来算的话，西方人会比我们建造更多的桥梁和公路；如果按人均水泥消耗量来算的话，他们会比我们建造更多的房屋。就是说，我们许多的资源被白白浪费掉了，更不用说那些短命的楼堂馆所、体育场、违章建筑。中央电视台也会经常播放些定向爆破节目，展示在这方面我们具有先进技术，我们虽然建设得多，之后找个理由炸毁的东西也多。

浪费国家财产的行为令人气愤，公众败家子经常会打着为百姓谋福利的名义卖掉公共财产为己牟利，影响的是现在的人。他们败掉的是集体财富，败掉的是公共资源，他们甚至卖掉我们后代赖以生存的环境，这是很可怕的。

如果说富二代问题还可以通过制度设计，比如家族信托、财富管理等进行纠正的话，那么短视的政府就更需要法律和政策的规范，公众必不可少的监督，以及舆论的监督和媒体的监督。只有持久的公众监督和参与，自然资源才可能被有效地利用，乱采滥伐的现象才会收敛，环境污染才能降到可控的程度，持续发展才有可能，社会公正与和谐才能实现。

第四十讲　从小事之中看鱼水情

曾经看到一篇写得很短、平实却感人的小文章，有点像《读者》或者《读者文摘》那类的短小精悍的题材，写的就是在身边发生的小事，发表后却风靡世界。

故事说的是一个美国妇女在美国大陆长途飞行中赶上了吃饭时间，机舱广播有汉堡销售五美元一个。于是，这位妇女邻座的十个美国大兵就在私下嘀咕吃还是不吃，后来有个士兵说五美元也不便宜就算了，反正几小时后就到达军事基地，再吃那里的军人免费餐也行。

她听后恻隐之心大发，将五十美元私下交给航班乘务员让她拿十个汉堡，每人一个。这让那位年龄也不小了的中年妇女乘务员感动得不得了，拉住她的手说"我儿子刚刚被派往伊拉克，您这么做，就像为他做的一样"，之后她特意将飞机上最好的餐食送给这位妇女表示感谢。

一、平价是一种善举

在美国如果东西飞的话，漫长得跟跨越大洋一般，需要五个多小时，中途一定会赶上一个饭点。而北美航空公司进入21世纪后日益平民化，这种东西向的大部分国内航班即便是飞行几个小时也没有头等舱，有的航班甚至没有商务舱。乘客一律平等，乘坐经济舱出行，而且只有少量免费饮料，没有免费餐食，饿了就得自己花钱买。

在中国的话，这里就存在个巨大的商机。看看国内机场、新建高铁站中那些眼花缭乱的各种餐馆就会明白。那些几乎将所有旅客正常进出口、疏散通道、路线图标识以及公益广告全部霸道式遮拦的众多餐馆，叫卖的食品都基本上属于快餐，却比街头的同类餐饮贵很多。

美国航空公司在天上也追求平价航空，那就是让去机场出行和去车站出行一样不用花费更多的钱。

现在，在纽约等地仍然有"一元店"，就是说店里的大部分商品都是标价一美元！

事到如今，美国各大商场很多商品价格已经低于国内，欧洲绝大部分名牌包和服装价格低于国内，而且价格差不少，如果多买几件连国际来回机票钱都赚出来了。这也是海外产品代购兴起的原因，也是国内一些旅游团通过标榜不进店购物招揽顾客，而去西方国家的旅游团客人则主动要求进店购物的原因。

二、感恩是一种美德

美国大兵的素质也令人深思。他们或许本来出自兄弟姐妹多的家庭而知道节省，或许不像国内独生子女那样父母给的零花钱比较多，花白得的钱不当一回事。这些年轻大胃王美军宁可饿着肚子，坚持好几小时，熬到基地吃免费餐，也不愿意乱花钱，即便只是吃个果腹的汉堡，还是在饭点上，而五美元在纽约大街上也就是两瓶软饮料的价钱。

接下来发生的一连串后续也令人感动。连机长都在自动巡航期间一边查看着座位号，一边摸索着走过来要求和这位善良妇女握手，而且声音洪亮地表示自己曾经是军人，驾驶过军机，"在服役时有人在飞机上给我买过便当，只因为我身着军服，这是我终生难忘的恩惠。"他大声说后，本来寂静的机舱里响起一片掌声，这个做好事不求回报的妇女当时脸就红了。

此后的飞行途中，无论是这位可敬的妇女如厕走在过道里，还是下机途中都有其他被感动的美国人悄悄塞给她二十五美元，表示自己也要参与进来，一共收到三份，都被这个妇女捐给了军人。这些美国人都做得非常隐蔽，或者以握手的方式，或者默默过来要表示一下敬意，不求别的。而且他们都精于计算，支付一半，不抢头彩，不露风头，甚至不告诉美国大兵自己也受到感动，因而也加入义举。他们之中可能也有像大兵一样宁可饿着肚子也不乱花钱的人，他们自己可以节省五美元的饭费，但是却可以出五倍的价钱来共同表示爱心。

空姐是感恩的，因为这个行为触动了人心中最柔软之处，也是最本质的地方，于是她不惜违反规定，拿出飞机上最好的餐食表示自己的敬意。而这种违反规定的行为，一定会得到乘务长甚至机长的谅解，他们反而会鼓励这样的举动。

机长是感恩的，所以听到这个消息后在飞机处于自动巡航状态时，离开了驾驶舱，专程走过来向妇女表示感谢，让周围的人知道这是一种令人钦佩的善举。如果机长听后毫无反应，如果空姐没有宣扬这种行为，如果旁边的人熟视无睹，那这位爱心妇女会有何感想，下次她还会这样做吗？

同行旅客是感恩的，美国军人也是感恩的。我想那些年轻力壮的美国大兵吃到的一定是他们有生以来最美味的汉堡，因为这份轻飘飘的汉堡代表了沉甸甸的爱心，代表了荣誉，它是一个民族相互尊重、相互信任的象征。

三、低调是一种修养

如果说感恩是一种美德，那么低调就是一种修养。

首先，受感动的乘客没有大声疾呼，也没有人云亦云跟风般行动，而是选择私下表达心意，默默奉上，并不想让那些军人知道。其实在他们内心深处，也更想对这位妇女、对这样的行为表示敬意。

其次，他们全部只是奉送了一半，也就是二十五美元。这二十五美元与其说是一种心意不如说是一种责任。在这位妇女面前，他们看到了人间的关爱和怜悯，看到了互助精神，也看到了自己的责任。既然尽责，他们不会剥夺别人应尽的责任和义务，他们用"加入一半"这种方式来表达。设想一下，假如他们大大咧咧地说"五十美元我都出了"，像个大款一样，那初始的捐献者会感动吗？会接受吗？——这反而剥夺了其他人奉献的权利。

　　这让我想起亚当·斯密在《道德情操论》中说的"情感适度宣泄"，他指出人类情感要表现适度，因为只有表现和发泄适度的情感才是最完美的情感，同时也是一种美德。所谓适度，就是在人际交往中让人感到合适的程度，让人感到合适的行为，让人感到舒适的举止。

　　比如中国人讲究的"观棋不语"，不能因为自己看出棋路就胡乱支招。该怎么样时就怎么样，说话办事都要恰到好处，不大不小，不多不少，不高不低。即便奉献也是如此。你可以称其为骑士精神，也可以将其定义为绅士风度。

　　我也组织过拥军活动，在考察军营时特意问及武警官兵缺什么。因为只有解决他们的生活急需和遇到的具体问题，拥军才有意义。毕竟大家都知道当代中国军人待遇不错，其实他们的伙食已经相当好，还请我们去吃过，午饭晚饭餐餐有鱼有肉，也不限量，比大型国企食堂的伙食一点不差。而我们之间只隔着一条几十米宽的亮马河。

　　河对面的这些武警驻扎在三里屯使馆区，看到他们每天精神焕发排着整齐队伍齐步走，我就知道他们不仅训练有素，纪律也严。当武警中队长诉说士兵家属来探亲鸳鸯团聚时没有沙发，没有大电视看的时候，我就游说自己服务的公司出资助，搞一次军民共建。因为没有什么比久别夫妻团聚在一起又不能尽兴更残忍的事了。我也两地分居过，也曾经被住在一个屋的同事谦让过，知道这种事对于青年男女来说多么重要,所以听后我表示一定满足军营这个需要。当然,这件事出于本能,之后才看到这篇文章,它深深感动了我。

这篇文章结尾写道:"军人是在某个时间段内,开了一张空白支票给国家,上面的金额是:最高包括我自己的生命!"当这名爱心妇女看到大兵们挺拔的背影消失在视野中,心里默默想到,这些青年人把自己的生命献给了这个国家,自己的这点餐费又算得了什么?

美国人是喜欢开具支票的,这个习惯有百年历史,直到网上支付、手机移动支付风靡中国时,美国人仍然在开具支票:公司支票和个人支票。开具支票是因为账上有足够的金额也有信用,接受支票而非现金意味着信任开具者。在所有支票中,空白支票当然是最高境界!因为这个数目是由对方来填写的,想写什么数目就写什么数目,而开具者承诺如数兑现!

开具空白支票给自己的国家,这是一个军人准备献身的誓言,也是一个军人的荣誉。每个国家的军人都应该有这样的献身精神,有这样的荣誉感,否则任何战无不胜、攻无不克的宣言都统统是空话。

多年前的伊拉克战争给人的启示是,一个貌似强大的暴君顷刻就会被推翻,一个貌似强大的军队一夜之间就会崩溃。当时美国政府虽然已经下定决心推翻萨达姆政权,但也不想牺牲太多美军士兵的性命,不想打攻坚战尤其是阵地战。所以他们一方面大军压境,公开宣布将以重兵大举进攻,在心理上压制对手;另一方面暗里拿出重金贿赂当地军政要员,让他们知难而退、放弃指挥。所以才有战争开始不久,号称世界上最强大陆军之一的伊拉克几十万大军在几天内迅速被击败,士兵如鸟兽散,其溃败的速度让全世界瞠目。

如果一个军队首长以行贿受贿为己任,晋级要收钱,办事要收钱,连普通百姓参军都要收钱,那军人们为什么要为他拼命?为什么要为这个军队拼命?军人们参军时誓言交出的是空白支票,将生命都献给了这个国家,而不是要用鲜血捍卫这些贪官们的自家利益。只有消除了这些军中蠹虫,武装力量的环境才会净化,军人才会有战斗力。

一国人民的爱国心,体现在他们对本国军人的态度上。一个军队是否有战斗力,就在于他们是否有献身精神和荣誉感。如果自己国民都不尊重本国军人,如果军人没有献身精神或者不知道为什么献身,那么这个国家一旦发生战争,就会像伊拉克一样,见钱眼开的高级将领们将不战而逃,群龙无首的军队会不战而溃。

第四十一讲　从内战中看南北裂痕

美国亚特兰大西北方向有个著名的石山公园，公园内那块面积将近一平方公里的整块黑色岩石上雕刻着南北战争中南军统帅罗伯特·李将军和两个战友骑在战马上的生动形象，前面有一个小湖，对面绿草茵茵的尽头则是个纪念馆，修在高地上，与塑像隔湖相望。这个由当地人于1925年集资、经过多年才完成的巨作代表着亚特兰大人对南北战争的记忆，对忠于故土、忠于职守、忠于信念的一种缅怀，对李将军放弃高官厚禄捍卫故土、"知其不可而为之"献身精神的一种刻骨铭心的悼念……

一、黑人的固执

但是这种记忆并非被所有人接受，直到今天南北战争带来的裂痕仍然无法完全弥合，不去亚特兰大这个南军补给重镇就难以体会到这一点。带我们去的黑人司机住在亚特兰大多年，从来没去瞻仰过这个巨像，他不想看李将军被推崇备至的样子，甚至到了公园门口也拒绝进去，咫尺之间，只肯在门外等我们。

在公园入口收费站，他甚至很不耐烦地跟白人收费员说："我只是送客人到这里，不会为此缴纳停车费的。"那意思分明是说："如果不是陪这几个旅行者，我才不会来这里呢！"之后他还真的表达了这个意思。我在美国工作过几年，知道些北美习俗，从来没有见过进公园以这种借口免门票的，游客更没有例外的理由，我自己都觉得不好意思，于是准备好零钱，并饶有兴致地看着收费员的反应。

这一天公园里有大型聚会，车辆已经排了长长的队，好几行车阵整齐划一，每辆车的驾驶员都安静等候收费，没人为此耽搁。在美国不按规定缴纳费用可以被拒绝入内，闹起来则跟在餐馆吃霸王餐一样可以被警察刑拘。我想看看事态如何进一步发展，反正都是旅游，都是观看当地风土人情。结果那个收费站的白人妇女愣了一下，犹豫片刻，甚至没有电话请示上级，就直接放行。

进去之后，这家伙开车在这个偌大的公园乱转，不知道该去哪里，全无方向感，闹得我这个远道来客还得帮他分析路线，告诉他我们应该先去游客中心问明历史遗迹位置。他其实是本地人，大学毕业，知识渊博，讲起话来滔滔不绝，尤其是近代史和当代世界政局方面。但是一旦说到白人尤其是犹太裔白人世界，他就显得极端而激动，认为世界乱局都是犹太人的阴谋。

在陪同我们的几天时间里，说到亚特兰大各个景点以至于商场、酒店甚至药店的时候他都如数家珍，还善用手机定位系统，但就是不知道巨像的位置。他甚至懒得打听巨像在公园哪一个方向，害得我们只好询问别的游客，而那些人和我们一样茫然。我想如果不是为了工作赚钱，他是绝对不会到这里来的。

最后还是我们自己找到的石刻巨像。参观完石山公园之后，我们去了旁边种植园博物馆。其实就是两百年前佐治亚州各式建筑的一个丰富的组合，都是从不同地方搬迁到这里的，从进门的杂货店兼做当年城镇中心邮局到种植园主豪宅，从腊肉房到羊圈，一共有将近二十个大小建筑在20世纪60年代建设公园时被从原址搬迁到这里。我们见到的种植园主，也就是当时奴隶主住的房子就像电影《飘》中女主角家一般宏大，跟白宫似的，而旁边的黑奴住房则是木板钉成，四处漏风，跟牲口棚没什么两样。

想想当年白人住在宫殿一样房子中享受着美好人生，而终生伺候他们一代又一代的奴隶们从出生起就注定要跟牲口一起生活……即便现在世道变了，白人再宽厚，心肠再好，看到这些，黑人后代心中也会有长长的、挥之不去的阴影。

二、白人的坚守

黑人的固执能够理解，白人的坚持则令人印象深刻。进入李将军雕像纪念馆后，我看到的是清一色白人妇女，在亚特兰大以至于整个佐治亚州这个南北战争标志性建筑中，她们像在教堂一样安静而虔诚，正在盛装出席一个非常简单的花卉展览，那些看着只开放了几朵小花的花卉被插在汽水瓶大小的瓶子中，别说和国际花卉展览，就是和国内一个乡镇花卉展相比都很小儿科，她们却看得津津有味，旁若无人。

看得出她们醉翁之意不在酒，而在于聚会，在于同类之间的交流。本来我们到的那一天是闭馆的，管理员也是花卉展参与者，她听说我们远道而来二话不说特意将纪念馆开锁让我们随意参观，还不提任何收费的事。之后和她聊起南北战争及有关李将军的话题时，从她在回答关键问题时闪烁其词的态度，我就明白这个屋内的人和公园外等候的那个黑人司机有着截然不同的立场。

那天在纪念馆和种植园这两个地方我见到的都是白人，纪念馆中那些津津有味赏花的妇女是白人，同行的国内朋友一直在她们的人群中穿梭照相都没有打扰到她们，我们感受到她们的定力和执着。在种植园售票兼任管理员的也是白人，她们热情礼貌，有问必答，面带笑容，和纽约博物馆的人比起来亲和多了。或许是巧合，那天参观者也都是白人，只有我们几个来自中国的游客是有色人种。

南北战争结束已经一百多年了，亚特兰大对这场战争的态度泾渭分明，白人对李将军崇敬的心态和黑人对其蔑视的表情一样令人印象深刻。李将军尽管也是奴隶主（要知道在那个年代有钱有地位的人无一不是奴隶主，无论在北方还是南方），但是他主张废除奴隶制；尽管他的政治理念不同于南方各州，但是战争爆发后他仍然选择为南方而战，因为那是他的出生地和祖国。

直到今天，尽管白人都异口同声地欣赏这种矛盾性并珍视其最终为南方而战的决定，那些黑人奴隶后裔仍然不能原谅他这种做法，毕竟理念上反对奴隶制的李将军在实际行动中一直试图用生命和荣誉来捍卫南方主张维系奴隶制的各州。

跟李将军的遭遇一样，那位伟大作品《飘》的作者米切尔尽管在笔下将白人奴隶主描写得惟妙惟肖，具有人情味，具有人道主义精神,和黑奴之间不仅有着深厚友谊和感情,在某些时候甚至不分主仆。这位以一部小说名满天下、具有爱心的妇女仍然受到另一些人的指责,认为她美化奴隶制,歌颂这种不平等的人类关系。尽管她生前曾资助过当地医学院的一名黑人学生使其成为佐治亚州第一位黑人医生,尽管她成名之后做了很多慈善,仍然被当地一些人仇恨。

20世纪90年代,亚特兰大市政府决定将其故居改造成博物馆,房屋修缮期间在1994年和1996年曾经两次遭人纵火,差点烧毁整个房子,使得资助者奔驰汽车公司不得不追加费用。

这让我想起来之前在参观南北战争中北军统帅格兰特墓时,那位口若悬河的守墓人也曾经跟我提及《飘》这本书中充满谎言,尤其是对黑奴生存状况的描写。在美国,北方人谈及这一点时似乎在暗示这场战争的正义性,毕竟在全国范围内彻底解放了黑奴。而纵火者所代表的南方人也对这部书表示不满,但是意义却是不同的。故居博物馆在解说词中以一种中立的口吻特意提及了这两次纵火,却没有说明纵火者的政治诉求,给到访者留下了谜团。

三、历史的缅怀

其实,从人类学角度上讲美国这一黑暗历史的话,各派之言都有其合理性和真实性,但是即便是公认描写黑奴最为深刻的那本《汤姆叔叔的小屋》,在刻画了黑奴家庭悲惨遭遇的同时,也让读者知道还是有不少具有人道主义精神、正义感又强的奴隶主,他们信守承诺,不惜代价去解救遭遇困境的黑人朋友。他们的政治理念是和李将军不谋而合的。

在被南方人推崇了一百多年之后，南部各州随处可见的李将军雕像却成为一些人的眼中钉，其中不仅有黑人和其他有色人种，还包括现代华人所谓的"白左"，即美国白人中的左派，或者说主张民主意识和平等意识比较激进的那些人。几年前美国发生在弗吉尼亚州夏洛特维尔镇的骚乱，就是因为当地左派政府在应当地年轻学生书面请求，第二年经过议会投票通过后，推倒并移走李将军雕像所引发的。这个行为获得了镇里大部分居民的赞同，却引起了周边居民的强烈不满，双方水火不容，各自上街，展开对峙，并引发了严重的暴力冲突。

到了后来，那些被彻底激怒的白人至上右翼团体举着火把，穿着印有希特勒名言的衬衫，还有的打着南北战争时期南军的旗帜，上街游行示威，长长的火把队伍照亮了夜空，令人想起一百多年前那帮身着白袍蒙面、让人不寒而栗、杀人不眨眼的南方三K党。

在今天，有关"美国至上"的言论一般会得到"白人至上"的共鸣。那次街头抗争之所以引起全世界注目，是因为对阵双方都有明确的政治诉求和世界观，都褪去了言论自由的面纱，都已经无法忍受对手，有分析认为这是自20世纪60年代种族隔离矛盾激化以来最严重的一次，象征着美国社会严重分裂。

事实上，如果左派上台就要推倒李将军的雕像，右派上台就要移走林肯的雕像，那只能冤冤相报，无休无止。我们应该牢记的是：历史是用来缅怀和吸取教训的，而不是用来亵渎和泄私愤的。

第四十二讲　从黑白中看种族隔离

亚特兰大是美国南部的一个内陆城市，位于北美大陆的东南角，是佐治亚州的政府所在地，在1996年举办过奥运会。这是个年轻的城市，目前这个样子也不过一百多年历史，因为之前的城市在南北战争，也就是美国人惯称的内战中，被北军占领者惩罚性的大火毁于一旦，现在的城市是这之后整个重建的。

这个城市近百年现代史上出过两个名人，一个是那部风靡全球的小说《飘》的作者米切尔，一个就是那位影响整个北美的马丁·路德·金了。前者是著名的白人代表，后者是著名的黑人英雄。令人惋惜的是二人都英年早逝，还都死于非命。前者遭遇车祸，后者则倒在暗杀者的枪下。从这两个人的观点看，尤其是从黑白世界的隔阂角度看，则没有其他南部城市比亚特兰大更具代表性了。

一、以一部作品名满天下的都市

可能很多人都是从《飘》这部伟大作品知道亚特兰大这座美国南方城市的，尤其是当其拍摄成电影后，我本人就是如此。米切尔写这部人物刻画细腻生动、对人物把握十分老到的小说时仅有二十九岁，而且不按套路，想好一段写一段，甚至先写好结尾，再写开头。

书稿完成后还被她封存多年不肯示人，因为对自己信心不足，直到应约会见一名北方来的书探，才在人家要离开的最后一刻心怀忐忑地交出书稿，但是书稿一旦交出就大获赞誉，出版第二年也就是1937年就获得了普利策奖。从新书出版当天开始，作者的生活就完全变了样子，每隔五分钟就有人按门铃请求签名，每隔七分钟就有贺电送来，而门外则总排着十几人的长队等候求见。在之后很长一段时间里，想见她的人比想见美国总统的人还多。

1939年，当地市政府在经过不屈不挠争取后终于胜出，力压纽约市，电影《飘》的首映仪式确定在亚特兰大举行。首映当天，整个城市万人空巷欢迎剧组成员，已经赫赫有名的男主角盖博被视为好莱坞之王，让这个城市出尽风头，就跟他在电影中的光辉形象一样。那是让北美大陆，甚至整个世界都瞩目的一天。在之前的艺术史上从来没有一部电影获得这么空前的影响力，以至于后来一代又一代人将此书当作必读，电影视为必看，以至于此后亚特兰大那种殖民时代佐治亚风格建筑被定格在读者和观众心中，连作者着力刻画的"桃树街"都让人念念不忘。

今天这条著名街道成了亚特兰大南北向的主干道，而作者的故居就在这条长街的西侧，被一栋栋现代化的高楼大厦环绕，殖民时代风格的建筑已经不见踪迹。有意思的是，以桃树街命名的街道在亚特兰大有好多处，还有西桃树街、桃树街广场、桃树街中心，遍地皆是的桃树街名字，让人眼花缭乱，游客经常为此犯晕，我在那里住了好几天，只识街名没见到桃树。

在《飘》这部小说中，具有主仆身份的白人和黑人和睦相处，其乐融融，奴隶主勇武善良，奴隶们忠心耿耿，南方本来是一个繁荣富足之地，结果被一场血腥的战争摧残……

拜访作者故居是我那次去亚特兰大的主要目的，为了能够多看几次，还特意请朋友预订了故居旁边的酒店，仅隔一条马路，连二百米都不到。不过陪同我们的黑人司机对此不以为意，反倒极力建议我去城市另一侧的马丁·路德·金故居看看，还特意告诉我参观是免费的，似乎在暗示和那些白人博物馆的区别。尽管这位黑人兄弟一路上所谈总带有关于肤色的倾向性意见，我仍然觉得其建议有道理，就安排了半天时间参观，结果觉得不虚此行。

有意思的是纪念马丁·路德·金的建筑都在不到四百米的范围内，包括他的出生地和最后的墓地。很难见到一个世界史上著名人物能有这样的归宿。

1929年1月15日，马丁·路德·金出生在佐治亚州的亚特兰大市奥本街501号，一幢维多利亚式的小楼里，一个牧师家庭，而且祖孙三代都是这个职业，从他诞生的那间独立洋房中可以看出虽然不是当地富豪那类家庭，但也是一个成功者的后代。家境虽然比不上当年奴隶主的豪宅，但是显得温馨而舒适，是一个中产阶级的街区中备受尊重的一个家庭。

二、以一个人让全世界瞩目的中心

看得出来这些地方都是受到严密保护的，当地警察、保安、接待人员甚至礼品销售部的人全部是黑人，他们都有发自内心宣传马丁·路德·金的意愿，一位黑人中年妇女知道我们是远道而来却不知道参观故居的流程，就专程领我们去几百米外的马丁·路德·金的纪念馆。她边走边说，她和管理人员熟悉，所以肯定能为我们约到参观故居的名额，不至于那么远白跑一趟。

进到这个具有相当规模的纪念馆后，我发现它只纪念一件事，就是黑人争取平等权利的事业；只有一类展览，那就是美国种族隔离时代前后的图片和实物展；只纪念一个人，就是马丁·路德·金本人。不明就里的参观者都需要事先在问讯台前预约，之后按照规定时间去故居旁边的销售纪念品店等候，还得提前到场，被一个个清点后，得在讲解员带领下鱼贯进入其隔壁故居。我们一行十几人像瞻仰遗体告别似的排着队过去，其程序比我见到的任何一个历史遗迹纪念馆都要复杂。看得出来，这里被严格保护着。这里的墓地、教堂、故居都有专人看管，且都是黑人，这些人既当巡警又当解说者，都可以滔滔不绝讲到我腿软。

马丁·路德·金是诺贝尔和平奖获得者，生长于奴隶制根深蒂固又是白人至上的亚特兰大。虽然他一家三代都是牧师，始终宣扬宽容和平，结果还是惹恼白人至上主义者，被多次死亡威胁恐吓后在1968年被暗杀，年仅三十九岁。不幸的是六年后其母亲在自己做祷告的教堂又被精神错乱的人杀死，而这个教堂正是他们家募集捐款建造并维护的，倡导的是非暴力。

马丁·路德·金是将"非暴力"和"直接行动"作为社会变革方法最为突出的倡导者之一。通过完整的学校教育，他加深了对神学的认识。通过对印度朝圣般的访问，他对圣雄甘地的主张大加宣扬，并确立了自己在社会改革方面的非暴力策略。他成名于美国种族隔离政策盛行的20世纪60年代，也是那个年代最重要的种族融合倡导者。

不过，尽管他在各地演说中都大声期盼"黑人男孩和女孩将能与白人男孩和女孩情同骨肉携手并进"；尽管他的理想一直是缔造各个种族融合的公正秩序；尽管他从白人，而非黑人那里筹集的款项占到了各民权组织资金的绝大部分，他和其黑人盟友所创建的却仍然是一个以肤色划分的组织……站在台上的都是黑人，走在游行队伍前列的都是黑人。有分析指出，他实际上造成了另一种形式的种族隔离，将白人隔离出核心团队之外。当时更有其他黑人组织驱逐了其内部所有的白人工作人员，以便黑人当道。

在五十多年后的今天，我们在他故居、墓园和纪念馆看到的也都是黑人，其实慕名而来的参观者大部分是白人。在美国那个种族歧视盛行的年代，尽管许多白人对黑人有这样或那样的偏见，但仍然愿意帮助黑人。其实，不仅在政治上，在道德上以及经济上许多白人都是黑人民权运动的最大助力。那个时代的黑人影响力毕竟有限，他们也没有多少财富捐出来组织各种活动。

三、以一种理念令黑白世界纠结的地方

历史回放到1963年，在美国首都华盛顿，在具有象征意义的林肯纪念堂前，马丁·路德·金发表了那个《我有一个梦想》的著名讲演，其中三次深情提及自己的家乡佐治亚州，暗示那里种族歧视的严重性。他说道，希望有一天在佐治亚的红山上，昔日奴隶后代和昔日奴隶主后代能坐在一起共叙友情，希望自由的铃声在亚特兰大那个著名的石山公园响起来……

当时正值林肯签署解放黑奴的宣言一百周年。在那之前的一百年，南方和北方各州为此打了一场北美历史上最血腥的战争，主张废奴的北方获得了道义上和军事上的全胜，亚特兰大几乎被从地球上抹去，黑人被解放了，他们不再是奴隶，全体都获得法律上的自由；不过，一百年后的南方，黑人仍然处于社会边缘，仍是当代社会的"流亡者"，尽管在他们几代人生活的土地上！

南方为数不少的白人显然不这么看，他们的祖先先于黑人到达美洲大陆，而且是他们将黑人从非洲带到北美，从一开始就是奴仆身份，白黑两道，界限分明，之后的一代代都是如此，与生俱来。如果没有白人，这块大陆在那个年代就根本不会有非洲来的黑人，现在这些奴隶后代居然想和自己平起平坐？

解放宣言虽然发表了多年，坚持取消奴隶制的北军也战胜了企图维持旧制度的南军，但是在南方，除了名义上自由了以外，黑人的地位仍然没有改变。南北战争后很长一段时间他们没有种植园，

没有土地,没有家产,一些人宁肯回到原来主人那里继续原来的奴隶生活,因为没有其他地方接纳他们。

而一些顽固的南方白人则一直在用各种方式延续他们的统治,一直以各种方式抵制为争取黑人平等的全国性努力,毕竟他们早于黑人来到这里,毕竟黑人到来那日起就是卑微的身份。他们自动地进行种族隔离,只要当地公立学校接受了黑人孩子,白人就不去,宁肯多花钱将自己的孩子送往私立学校;只接受白人就餐的饭馆一旦被判定违法,他们宁肯关门大吉也不肯接待黑人和白人邻桌就餐。

在马丁·路德·金深情演说那个梦想的时代,全美国只有不到两百名黑人担任公职,还主要在北方。佐治亚州作为蓄奴重镇和维系旧制度的大本营,在一次短暂演说中被三次点名就不难理解了。

距离马丁·路德·金讲演又过了五十多年,我们慕名来到了亚特兰大,为我们开车的黑人司机说自己从来不去南北战争纪念馆,从来不去拜谒南军统帅李将军的雕像(尽管李将军是南军中最反对奴隶制的)……如果不是送我们,他根本就不想去石山公园!

希望自由的铃声虽然在石山公园响彻多年,奴隶和奴隶主后代坐在一起共叙友情的故事在亚特兰大等地发生得仍然不够频繁,马丁·路德·金的遗梦可能要长期做下去……

第四十三讲　从语言中看风度教养

即使不会英语,也要学会说这三个词:sorry,thank you,please,也就是对不起、谢谢、请。事实上,很多不讲英语的国人也都知道这三个词,还有不少人故意秀一下,脱口而出速度甚至快于汉语母语。是的,这三个词不仅在英语国家,甚至在非英语国家都是最常用的词汇,不仅张口就来,还能让所有人理解,对于化解矛盾、缓和气氛很有效果,值得几遍十几遍上百遍重复,条件反射一样。

因为这三个词代表了一个人的负罪感、感恩之心和讲礼貌的处世态度。

一、负罪意识

负罪感在宗教意识强的国家深入人心,说对不起体现一种负罪感和责任感,也并不是非得做错了什么才要说的,而是觉得可能要做错什么或者被人误解要做错什么要说的,比如在公交站上车时比人先迈上一步,比如摔了一跤挡住了路上行人的步伐,甚至无缘由忍不住打了一个喷嚏。

尽管你上车时本来就领先了旁边人半步,尽管你摔跤并没有伤害到任何人而只是把周围人吓了一跳。至于打喷嚏,在法国那是一定要说对不起的，不管周围的人是不是熟悉，甚至不管周围的人有多远，习惯成自然，即便在家人面前打个喷嚏都要说对不起。因为就算自己没传染病，至少吓了别人一跳。在法国，父母一直教育孩子这样做，即使打喷嚏时周围可能没什么人，也要条件反射地说一句对不起。

二、感恩之心

说对不起有时是预见性的，而不是非得犯了什么错才说。实际上，说此话时可能还没有发生什么事，先说个对不起。比如街头问路，要先说对不起，然后再提问，否则就显得粗鲁。比如在街头，就有人直接问我：喂，京城大厦怎么走？或者：哎，332路车站在哪里？这时我尽管会告诉他正确的路线，但是心里会有想法的，如果他得到答案后还没有致谢的话。因此就涉及第二句话：谢谢。

在汉语中，谢谢这句话往往在事情之后；而在西方语境中，谢谢这句话不仅可以在事情之后，也同样可以在事情之前，比如他们经常说：谢谢你为我考虑，实际上你还没考虑任何事，可能连什么事都不知道。汉语中，说谢谢常常是在施恩之后被施恩者的一种表示，而在西方语境中，它也可以是施恩者的一种表示，就是说他帮助你后还要感谢一下。说谢谢和说对不起在这一点上也是一样，有时是预见性的。

中国人是个知道感恩的民族，"滴水之恩，当涌泉相报"这个古训一直在我们小学的教科书中。怀有感恩之心是一种生活态度，就是那种有人情味的世界观。

为人可以追求财富，但要取之有道；可以发表相反观点，但不能搬弄是非；可以没有学位，但不能没有品味。在金钱至上的社会中，人性之恶，是不懂感恩；人性之丑，是忘恩负义。

这里应该提醒的是，有时候我们会用错词，该说谢谢时却说成了对不起，尽管语句没错，对方也能明白。比如回答对方提出的一个建议时，与其说"对不起，我不想这样"，还不如说"谢谢，我不想这样"。

鉴于此，有人认为应该多说谢谢，慎用对不起，因为后者隐含着一种责任，背后能体现出一个人或者一种文化所习惯的归因方式，就是一个人对他人行为或自己行为所进行的因果推论，说对不起，是因为觉得自己在某件事上有一定的责任，有必要道歉。

这个观点有一定道理，尤其是在某些执法严格锱铢必较的地方。但是在另一些地方就不必担心说对不起会出现负责任的问题，比如像在宽容待人的法国，或者像在说着说着就成习惯的日本，即便很多场合根本不是他们的错或者责任，他们一样喜欢说对不起。

三、礼貌待人

就这个意义上讲，多说几句sorry, thank you当然是件好事，尽管有些人在说这两句英语时有些调侃口气，比用汉语说这两句话时要显得夸张，毕竟说了比不说要好，多说比少说要好。不过在常用的三个词汇中，中国人用得最少的其实是please，也就是"请"这个词。

"请"这个词在国人眼中似乎有固定语境：熟悉人之间不用，长辈对小辈不用，施恩者对被施恩者不用……实际上这些场合都可以用，至少西方人是这样的。他们客套话确实比我们汉语多，但是他们也确实是礼貌有加。

比如弯下腰将纸币交给街头要饭的，而不是随便将硬币扔进他身前的帽子里，同时说一声"请收下吧"，就具有十足的怜悯心肠和绅士风度。这时候说一个"请"字，比起点头哈腰将一个贵重礼物放到上级桌子上更令人尊重。

"请"这个词在英语中寓意很多，可以是请求甚至是谦卑的恳求，也可以是劝阻甚至劝诱，还可以是警告甚至威胁，和上下文有关。如果之前是借钱或者求人办事而对方不积极，加重语气讲这句话就是恳求；如果一直在规劝对方不要任意妄为，对方始终不置可否，加重语气讲这句话就是劝阻；如果对方无视，继续相逼，你已经没有退路快要动手甚至准备开枪了，加重语气讲这句话就可能是最后的警告。

总结一下的话：多用"对不起"就是时时心怀负罪感，多用"谢谢"就是恢复自己的感恩之心，多用"请"字就是把礼貌挂在嘴边。讲究礼貌才能给人以尊重，从而受到他人尊重，才能完成从自尊到尊他，再到他尊的转变。

如果周围人都是这样谦卑，都是这样知恩图报，都是这样请字先行的语境，你也会同样行事。耳濡目染、从善如流、感化都是这类意思。这三个词是人际交往的润滑剂、社会压力的减压阀，我们多说几句形成习惯，就会让周边环境更加温馨，更加具有人情味，当然也会更加和谐。

案例分享

那次在王府酒店和卢森堡金融界人士开会时，就知道自然会遇到形形色色的人士，难免要多费口舌，或者浪费一些时间在相互介绍上。当时正和晓雁远程介绍的一位高大的卢森堡投资协会负责人在一边聊天，一边吃会议组织者为大家准备的丰盛的早餐，就是那种没有座位，只能站着吃喝的形式。这种早餐流动性大，我们周围陆陆续续又来了于温迪、黄晶莹等几位在欧洲的法律和财务专业人士。

之后，一位认识多年的小慧女士主动加入了我们的早餐，开始介绍她自己与其先生创办的空壳公司。她的英语发音很怪，带着明显的德语口音，因为曾经在德国长期生活过。问题是她的叙述逻辑也十分混乱，即使我知道她的背景，也知道她在努力介绍自己，却还是听不出来她究竟在说什么。说了一会儿后，于温迪和黄晶莹两位说声"对不起"后借口去拿水果和咖啡，再没有回来。

我同样感觉到小慧女士是那种热衷于打交道却不熟悉金融业务、习惯夸夸其谈的交际性女性。在静静吃完我的牛角面包后，她还在那里滔滔不绝，但是声音开始变小，头也低下来，说得越来越没有自信。我于是插话说她可以讲德语，那样的话她会讲得自如一些，我就可以借口不懂德语后离开。卢森堡人都是语言天才，因为他们处在法国和德国中间，拉丁民族和日耳曼民族混居，所以这两种语言都流行，还都讲一口流利的英文。

我用的是"对不起，打断你一下"，但是那位高大的卢森堡人随后却非常礼貌地说："谢谢，请你继续讲，我能听懂你的英语。"他的"谢谢"是针对我的提醒，他好像看出我的意图，却用"请"鼓励小慧讲下去，继续折磨我们。

这样一说我反而不好意思先走了，于是我们又一起听这位女士絮絮叨叨讲了五分钟，直到开会时间到了，大家才告别。我松了一大口气，终于摆脱了被迫听一种逻辑混乱的自我介绍的情况，也很佩服那个卢森堡人的绅士风度。虽然他一样没明白小慧在说什么，之后也尽量避开与之再度接触，但是在谈话期间却始终保持专注和耐心，给参会女士以足够尊重。

我们在短暂的对话中都用了"对不起，谢谢和请"这三个词，显然他更有礼貌。

CHAPTER 8 第八章

明辨是非，从偶像崇拜到完善自我

第四十四讲　偶像进化之实际需求

其实我很小时候心中的偶像是厨师，因为他们天天和食物打交道，个个营养良好，人人红光满面，而我则一脸菜色，吃不饱也穿不暖的样子。

一、可以是实际需要

那是20世纪60年代，中国遇到自然灾害。尽管在大城市生活，我们家也沦落到有上一顿没有下一顿的地步，我很小就养成拣拾学校食堂丢弃的烂菜叶拿回家充饥的习惯。所以那时的梦想就是长大后当个大师傅，就是在单位食堂做饭的那种人，很羡慕他们不仅嘴唇亮汪汪，饱餐后经常剔牙，而且双手都油光光的样子。

从小挨饿让我养成终生珍惜食物的习惯，每次吃饭连一粒米粒都不会剩下，从不挑食，而且胃肠可以消化任何食物，只要是人吃的东西。在法国生活工作期间，掉在桌面上的面包渣会被我捡起塞进嘴里，后来发现法国人、德国人都是如此，他们不仅从不浪费盘中餐，还会用面包把汤盘刮干净，这都来自他们的家庭教养和社会风气，尽管他们自二战后物质丰富、食物充足。

当然我也很快适应当地的食物，而且越来越喜欢，从东方吃到西方，我后来在写的书中戏称这叫"食贯中西"，毕竟学贯中西是一个很高的境界，难以做到，而吃只需要有个永远填不饱的胃，以及对各国食物的好奇心就行了。可能在我们国人眼中厨房工作是一种粗活，又苦又累，职业含金量不高。到了法国发现原来他们的大师傅，也就是我小时候向往的餐馆厨师很受尊重，他们的手艺常常被视为一种艺术，他们做出来的食物常常被看成是一种艺术品，就像时装界著名品牌一样，那些被米其林评出的星级餐厅会让世界级的老饕们趋之若鹜，还得提前几个月预订，否则吃不到！

二、可以是名人榜样

如果这不算偶像的话，那么之后学习雷锋好榜样让我有了真正的偶像。雷锋是当时所有中国人学习的榜样，一个永不疲倦、乐于助人的人，同时品德高尚，一生都在做好事，不做坏事，从小事做起，从身边的人做起。虽然他出身于贫寒之家，又因车祸英年早逝，但其短暂的一生却充满了激情和爱，他好像天生就是一个施爱者，就具有利他之心、菩萨般的慈悲心肠，被称为做人榜样。我们当时仅仅是小孩子，都被学校、家庭、社会鼓动宣传学习雷锋叔叔。那时人们都奉其为偶像，都想成为英雄。

助人为乐成为中国20世纪60年代的社会风气，陌生人之间没有什么芥蒂，社会上也很少听说骗子，像现在各种各样的诈骗在那个年代都属于天方夜谭。我们小孩子尽管帮不了大人多少忙，却一直在寻找这种机会，以便写作业时有点内容可以自我炫耀。我们每走到大街上都要东张西望，看看有没有拉板车的人正好上坡，好去帮忙推一下，之后在交作业时可以骄傲地说今天做了什么好事。

我认识的一个孩子有一次真在坡道碰上拉板车的，那人说："你帮我推一下，给你五分钱。"那时的五分钱至少可以买好几块大白兔奶糖或者一两桃酥点心。这孩子当然像老师教育那样做好事不计报酬，就自信地回应说："不用，这是我应该做的。"结果推到坡顶分手的时候，那几块糖诱惑太大，以致他忘记了雷锋叔叔的教导，思想斗争后跟拉车人说："那还是把五分钱给我吧。"

三、可以是社会风向

我那时家住的地方平坦无坡，想去有坡的动物园那一带就得走远一些，好像也没遇到几次这样的机会。不过偶尔会被父母带去松花江畔，所以很小时候就会游泳。于是心里有个私念，希望能碰到一个落水呼救者，然后我就奋不顾身游过去救，当然最好是个长发少女。

后来听人说起水中救人要领很重要，尤其要避免被落水者死死抓住双手，之后一同沉入水下，那样的话救人不成还多搭上一条性命。于是我还设计好了营救方式，比如要学会仰泳，能倒着游以便拖着溺水者的同时可以滑行至安全的地方，遇到挣扎无法脱身时要一拳将对方打晕，之后就可以揪着对方头发游到岸边。我甚至想过是在救人前把钱包钥匙等重要物品留给旁观者，还是直接跳进水中营救，理智告诉我穿着衣服下水的话会影响我游泳的速度，还增大了和落水者一起沉入水中的风险。

以后多年来尽管我泳技逐年增强，水下憋气时间越来越久，潜水的距离也越来越深，还经常在江河湖海边走过，却始终没有碰到呼救者，也就没有完成这个从小就想学习雷锋的心愿。

从我个人经验上看，所谓偶像可能是一种实际需求，也可能是被强加的，或者是潜移默化的。家庭教养和社会风气对偶像的形成都有很强的影响。人们常喜欢说的"榜样的力量"就是这个道理。人可能本来没有偶像，但是社会风气教育你向某种力量看齐时，你不自觉地就有偶像了。当然，当你知识日益增长，阅历逐渐丰富之后，会发自内心有自己的偶像。

第四十五讲　偶像进化之理想人物

等到学习雷锋的热情渐退，我的第二位偶像出现了。

一、立马横刀的关大将军

小时候家里穷，虽然父母是知识分子，但是父亲被打成右派后，一家人从带洗手间的楼房被直接赶到大街上，除了父母几本专业书之外，我几乎没有任何文学作品。而我毕竟一天天长大，除了肚子饿之外还有阅读的饥渴，物质和精神上都需要有内容填补。在我多次要求下，父亲顺手给了我一本《三国演义》，说："你能读就读，别的也没有。"于是还在看连环画的年纪时我就有了启蒙般的读物，尽管这本之乎者也的书我最初大部分都看不懂。

《三国演义》人物太多，有"治国之能臣，乱世之奸雄"称号的曹操，有桃园三结义之后保持终身友谊的刘备、关羽、张飞，还有"鞠躬尽瘁，死而后已"的诸葛亮。我和很多人一样，在逐渐明白其中大部分故事后对关羽渐生敬仰，不只是因为他武艺高强过五关斩六将的力量，也因为他有财贿不以动其心、爵禄不以移其志的精神。曹操拜将封侯，送金钱美女，三日一小宴，五日一大宴，还把世上最好的赤兔马送给他，关羽还是离他而去，封金挂印，矢志不渝地寻找旧主。关羽成了我心中的精神偶像，他那种傲上而不忍下、欺强而不凌弱的气度成了我追求的做人方式，连他在华容道义释曹操违反军规的做法我都觉得值得效仿。

成年之后发现周围朋友都熟知三国，社会上很多地方都有关羽的庙宇，奉其为神，尽管没有外界的强加。于是《三国演义》成了我的启蒙读物并将伴随我一生，相比之下，无论是风高放火夜黑杀人的《水浒传》还是缠绵于温柔乡的《红楼梦》都没能让我花费太多时间。我明白这个世界上还是有一些做法会得到普遍的认同，一些人物会受到普遍的尊重。而这些都是潜移默化的，自发的来自历史和文化的力量，而非强制。

二、视死如归的敌对双方

上大学对我来说就如进入到了知识的海洋，我就像一个井底之蛙突然跳到了地上后发现世界一下子变得无限开阔，课堂上有那么多知识渊博的老师，宿舍楼有那么多才华横溢的同学，世界名著多得看不过来。有一天下午我从北大图书馆借到了一本法国作家雨果的《九三年》，本来想带回宿舍自习后看，只翻过几页后就被其内容吸引而忘记了该交的作业，于是就坐在图书馆南门的石阶上开始读。这本书让我感叹不已，好像有一种巨大的磁场吸引着，屁股下的石板从温暖到凉凉的，几乎一动不动的我觉得光线暗了下来，太阳已经下山，气温降下来才发现，我居然在傍晚前一口气把这本书读完了。

这本书的情节较为复杂，希望我能用最短的篇幅讲清楚。

首先要知道故事的背景，那是1793年，法国大革命已经进行了四年，社会上一片白色恐怖，腥风血雨，杀戮无数，连国王路易十六都被送上了断头台。法兰西共和国刚刚成立一年，法国保王党势力联合欧洲其他王权试图夺回法国政权，与共和国的国民军展开了一轮新的较量。

这本书中有三位主人公：保王党派的朗德纳克侯爵、其对手共和国将领郭文和公安委员会特派员西穆尔登。三人除了公开的敌对关系之外，还有一层私谊：侯爵是郭文的叔公，西穆尔登曾是郭文的家庭教师，对郭文视如己出。故事主线是意志坚定、被英国人支持的保王党侯爵率领的法国叛军被革命将领也是侄子郭文指挥的共和军围剿，而坚持原则的西穆尔登督战。

三人最终在法国西部沿海旺代地区相遇，那里曾是保王派的堡垒，各自代表的保王党势力和国民军在这里展开了殊死搏斗。兵败困守自家城堡的侯爵和手下残兵败将被郭文率军团团围住后宁死不降，所有人都战斗到最后一刻，本来可以从地道逃生的侯爵为了营救三个差点葬身火海的无辜孩子而束手就擒。大义灭亲的郭文被侯爵舍身救人的行为感动，经过激烈的思想斗争后决定放走侯爵。而西穆尔登不得不按军法判处郭文死刑，他深知这样做违背自己的良心，于是郭文被公开处以死刑的同时，西穆尔登自己也开枪自尽了。

三、良心发现的革命者

用这样简短的叙述很难传达出原书的各种复杂纠缠，那种贵族品性、骑士精神和交战双方大义凛然视死如归的气概。《九三年》

书中有那么多的偶像般的人物，有那么多的崇高精神。

这本书最打动我的地方在于这三位主人公的良心发现。在那一刻，良心发现，已经突出重围的侯爵回过头来在烈火中救下了三个孩子，明知道自己将为此面对死亡；在那一刻，良心发现，郭文的人性战胜了理智，战胜了革命原则，放走了他曾经誓死要擒拿的对象，自己直面断头台；在那一刻，良心发现，西穆尔登在遵守革命原则的同时，也用自杀回应了内心的呼唤，和其心爱的学生一道离开了那个腥风血雨的世界。这呼应了雨果在其作品中自始至终传递的理念：在一个绝对正义的革命主义之上，有一个绝对正义的人道主义。

侯爵代表着旧势力，确实残忍冷酷，自己也视死如归；郭文和他在政治上早已势不两立，然而面对着这位拯救了三个孩子性命的敌人，觉得自己没有权力处死他；而西穆尔登更坚定，罪行和错误必须惩罚。出于职责，他不得不判处郭文死刑，而在私人情感上，处死这个被自己当作儿子的人，他无法承受，于是他选择了自杀，只有这样才能同时保持对共和国的忠诚和对亲人的爱。

法国大革命时期曾经是一个血浆四溅的恐怖时代，那么多人在革命的名义下被剥夺了生命，无论是保王党人还是革命者。事实上，越到后来越有更多的革命者被自己人杀害，包括法国大革命巨头领袖罗伯斯庇尔，而杀人者都有冠冕堂皇的名义，他们在判决曾经的战友死刑时都认为自己政治正确，也都站在道义的最高点。两百年后，我接触到的法国人其实并不愿意谈起祖先这段历史，他们仍然在对这段历史做着深刻的反思。法国著名的社会学家勒庞在其经典著作《乌合之众》中解释过这种现象,指出大众的盲从心理在很多历史事件中起着决定性作用。

离开大学几年后,我到法国工作多年,重新读了《九三年》法文原版,和法国朋友谈及对雨果人道主义精神的崇敬。后来这个有心的法国人在旧书摊上找到这本书后专门留给我。多年后《九三年》也依然是我的案头书,每一次阅读都能重新体验到初读时那种巨大的震撼。今天,很多国人批评法国和德国在难民问题上的措施,大批难民确实也造成诸多的社会问题。但以我个人的判断,在欧洲尤其是西欧确实有一种朴素的人道主义情感。比如对法国人来说,每一个人的生命都值得保护和尊重,不能眼睁睁看着别人在灾难中而不伸出援手。当你面临牺牲生命和拯救无辜的两难抉择时,也许这些精神偶像般的人物的行为会给你指引方向。

第四十六讲　偶像进化之精神追求

《悲惨世界》和《九三年》都是雨果笔下的故事，尽管这些故事都有其原型和发生的事件作为背景。之后在美国工作期间，我仍然看到了其人道主义的震撼力。在我工作的纽约市，《悲惨世界》被搬上了百老汇音乐剧的舞台，连续上演了十六年，共六千多场，观众热情依然不减。

一、知其不可而为之的精神

其实一百多年前，雨果的《悲惨世界》刚出版后马上就漂洋过海到了正处于南北战争中的美国，在南北方都有众多读者，就跟现在的粉丝一样，只是雨果的粉丝很多都是硬汉。在那个烽火连天的时代，南方士兵闲暇时借着篝火凑在一起阅读，还因为这本书题目的法语冠词和南军统帅李将军的名字相似，戏称其为李将军的悲惨世界。

雨果笔下人道主义情节有些可能是虚构的，但是南北战争中的人物和战史都是真实的，一样感人至深，一样令人向往，一样具有偶像精神。痴迷于这场战争的研究者很多，关于这场战争的书籍众多，汗牛充栋，我只想谈几点看法。

在开战的考虑上，以李将军为代表的南方有识之士内心是不希望和北方开战的，他和北方人一样反对奴隶制，他本人在战前其实就是北军的高级将领。但是在南方家乡父老都群情激奋狂热地希望用战争解决问题后，他选择站在家人一边而不是选择政治正确，因为他不能不效忠于他的出生地，不能与家族为敌。不少见过世面的南方人和李将军一样知道内战将是一场悲剧，因为联邦政府和北军不仅有道义上的制高点，还有工业、兵工厂和强大的海上力量。

但是一旦南方决心开战，这些不希望开战的人就像诸葛亮六出祁山、岳飞北伐中原一样，知其不可而为之，反战派毫不犹豫和主战派一起开赴战场，一样地勇猛杀敌。对他们来说，政治选择可以改变，血脉和族裔是永恒的，这才是他们为之效忠的对象，这才是他们为之抛头颅洒热血的目标。在我看来，最具有偶像气质的是南军和南方人那种"知其不可而为之"的悲剧般的精神，那种越是艰险越向前，明知道将战败也要上战场的勇气。

在战争的对抗中，南北战争一方面和历史上所有的战争一样都有残酷的一面，军队抢走敌占区的粮食，劫掠敌占区的财物，甚至烧毁房屋，赶走居民。但另一方面，敌对双方都不约而同地遵守着某种不成文的规则，而这才是其他战争中少见的。比如，在北军连连败北时，曾有印第安首领建议组建一支印第安军团支援北军开赴战场，结果被拒绝了，因为这是一场"白人之间的战争"！

而在对手南军那一方，虽然他们有事实上的等级之分，还有大量奴隶供驱使，但是首先上战场的是那些白人奴隶主，不仅自己踊跃参军，还常常自带战马、武器和给养。

二、尊重对手的双方将领

在这场"白人之间的战争"中,南北对峙双方将领中都有一些西点军校毕业的,包括双方总司令——北军的格兰特和南军的李将军,和平年代他们是战友,战场上他们是对手,但一旦抓获对手的妻女,他们不仅不会将其作为交换的筹码,反而不计代价将其护送到对方的领地。

在战争的尾声,南北战争真成了西点军校前后期校友之间直接的较量,李将军麾下的南军败局已定,几万衣衫褴褛的士兵虽然发誓与将军共存亡,但武器供应不上,药品奇缺,饿着肚子,冰天雪地还有光着脚打仗的。这时有人进言发动南方那些坚忍不拔的妇女和儿童进山打游击,用持久战拖垮北军,把北方军队拖进人民战争的汪洋大海之中。这个建议被李将军严词拒绝,因为"战争是军人之间的事,我们要是这样做,就等于把战争的责任推给了无辜的老百姓"。李将军认为让妇女儿童为军人打仗是自己的耻辱。

于是他率部投降,签署协议那天他把最好的军装穿在身上,知道将成为校友学弟也就是北军司令格兰特的阶下囚,以后再也没有机会穿军装了。结果格兰特对这位落败学长毕恭毕敬,当面表达了对这位名将的敬仰之意,闹得现场双方将领一时搞不清谁在向谁投降。叙旧之后,格兰特当场赦免放下武器的南军所有军人,并连夜开了几万份路条便于他们回家,在得知南军饿着肚子,军官的战马都是自家带来的后,格兰特送给对方两万多份军粮,允许南军军官带着战马、佩剑甚至手枪等武器返回家园,而佩剑是军人的荣誉。

三、停战后显示的绅士风度

南北战争令人着迷的是:战场上交战双方拼的是骑士精神,放下武器后他们展现的是绅士风度。他们打的是一场不一样的战争,他们举行的是不一样的停战仪式。在格兰特的命令下,北军占领南军大本营里士满后也没有举行入城式,不想炫耀武力,不想刺激敌占区的百姓。在战场上注入了人性的力量,他们拼的是人的身躯,捍卫的是人的尊严。

当你读到这段历史时,或许会掩卷沉思:原来战争还可以这么打!

战后的李将军投桃报李信守承诺,之后一直劝说南方同胞接受失败,放下武器和北方和解,重修家园,共建美国。他自己身体力行,在纷至沓来的高官厚禄邀请中只接受一个教育职位,担任弗吉尼亚一所大学的校长,他的校训只有一句话:每个学生都是绅士。

而胜利者格兰特回到华盛顿知道联邦政府有动议将以战争罪起诉李将军时,坚决反对并以辞职相威胁,还到总统那里抗议,这个动议后来不了了之。要知道当时南北双方之间的巨大裂痕几代人都难以修复,甚至一百年后法律赋予黑人的权利在南方几个州都形同虚设。令人闻风丧胆的三K党就是在南北战争后从落败南方队伍军人中产生的,他们在夜里以私刑处置刚获得自由耀武扬威的黑人,甚至直接将其杀害,发泄胸中的怨恨。在当时形势下,任何一个惩罚南方的政治动议都会引发动乱，尤其是针对德高望重的将领。

南方统帅李将军不仅是美国南方人，也是世界上很多军人甚至像我这样的平民的精神偶像，后人视其为神一样的存在，一百多年后的现在依然如此。有史学家甚至称其为自汉尼拔以后历史上最伟大的"败将"，因为他之前百战百胜让北方军人闻之丧胆，最后投降是因为拼光了，南军劫数到了，而不是他指挥的问题。

战后，世上很多人只知道李将军，不知道格兰特。我也是先知道李将军的，因为他的名字竟然和中国人差不多。但是不要忘了，是格兰特这位远见卓识的北军将领和联邦精英坚持不能起诉李将军，或许正是这种慈悲心拯救了美国，不仅使之免于分裂，还让这个移民之地一百年后成为世界上最强盛的国家。

北军司令格兰特后来连任两届美国总统，政绩一般，还有过酗酒恶习，曾经是西点军校的劣等生，但是个优秀的军人，后来时来运转，赢得胜利，主要是具有博大的胸怀。他是战后重建的奠基人，是南北巨大裂痕的修补者，也是我的偶像。如果没有李将军战争可能会继续，如果没有格兰特和平则一定会推迟。

第四十七讲　偶像进化之怜悯精神

随着阅历的扩展和年龄的增长，偶像也会变化，从一种个人到另一种个人，从一个角度到另一个角度，从具体的形象到抽象的概念，从某种行为到某种精神。

一、仁人之心

比如我本来崇拜关羽，那种立马横刀傲视众生的气概，欣赏的是过五关斩六将的无畏，凭着骏马快刀驰骋沙场的英武。我长大成熟后则更愿意读他在华容道义释曹操，不仅连张辽等辈一并放过，而且连一兵一卒都不肯擒获。你说其没原则也好，你说其不遵守出征前和诸葛亮的约定也好，反正关羽空手回营后面对诘问无言以对，也甘愿承担责任那种默然，是最能打动我心灵的地方。

不过反复阅读《三国演义》后，我却越来越喜欢赵云。不仅因为他敢于在万军之中往来冲突搭救幼主，英勇无敌；还因为他正直敢言不像刘关张那样意气用事，力劝刘备不要公私不分置天下于不顾，不要为了给关羽报私仇攻打本来应该结盟的孙吴，否则会失去北伐中原的大业；也因为他一生屡建战功，先辅佐刘备后辅佐诸葛亮直到去世也没有被封侯，依然兢兢业业无怨无悔。

赵云成为我心目中的英雄不仅因为其战绩，也因为其品格，他胜不骄败不馁，不像关羽无端谩骂期望喜结良缘的孙权是吴狗那样傲气，也没有张飞那种酗酒后鞭打士卒的毛病；他既没有像关张那样兵镇一方，权倾一时，也没有像他们那样一个大意失荆州进而丢了性命，一个出于恶习死于非命。赵云是《三国演义》中最长寿的战将，年逾七十还能力战三将，最后寿终正寝。

老当益壮的赵云一生未被封侯，但始终如一。除了忠心耿耿、武艺超群之外，他还虚怀若谷，本来五虎大将中仅次于关张排位第三，后来一度位居黄忠之下，甚至落到和魏延之辈并列的地步也毫无怨言，没有私心，可上可下，年逾七十还能作为先锋。平心而论，蜀汉政权早就欠这位忠心耿耿的老将一个说法，直到去世后，昏庸的后主才想起来幸亏赵云单骑救主，否则自己早没命了，于是就追谥他一个顺平侯。

最能体现赵云性格的是当刘备占领益州之后志得意满，想把成都城中良田豪宅分赐给诸将的时候，赵云则认为占领区老百姓饱受战争之苦，建议将田宅房产归还给百姓，让他们安居乐业，然后他们才有能力交税服兵役，更重要的是这样才能赢得民心。幸运的是这次刘备听取了赵云的意见，从而稳固了政权。在大家都被胜利冲昏头脑的时候，赵云依然清醒，依然能替战败者着想，体现了他的仁人之心，这和后来西方人的骑士精神不谋而合。

二、攻心为上

在《三国志》中，古人告诉我们："用兵之道，攻心为上，攻城为下；心战为上，兵战为下。"《孙子兵法》也讲过："百战百胜，非善之善也；不战而屈人之兵，善之善者也。"

所以攻城是局部，攻心才是全局。通过交战相互残杀而取胜不是最好的，不通过厮杀就让对方降服才是最好的解决办法。这是中国人几千年来积累下的智慧，只是后人常常不能遵守，隔一段时间就犯同样的错误。就这一点来说，比较一下上文所说南北战争和太平天国的结局就会觉得历史教训是很深的，也使得我偶像的情结发生偏移。

其实南北战争和中国近代史上太平天国发生的时间重叠，都是一个时代，都是同一代人，战争结束时间仅差一年。在南北战争中李将军只是南军统帅，当时指挥着虽说是一支主力部队，但是还有其他南军将领，包括约翰斯顿将军麾下战斗力较强的其他南军部队，其上还有南方政权内阁、总统和副总统。但是李将军有尊严的投降发挥了示范效应，十几天后约翰斯顿将军等部队都不得不按照李将军的投降模式放下了武器，南方政权才因此很快就土崩瓦解，总统逃亡途中被抓获后不久也被释放。之后这个破碎的大陆虽然进入了漫长的和解期，但最终保持了主权完整和国家统一，此后再无内战。

三、以德报怨

相比之下，差不多时间被击败的太平天国，其余部在其政权覆灭后还坚持了多年的反抗，因为他们知道即便投降也难逃一死。之前震惊中外的李鸿章在苏州诱杀太平天国八王事件，让人们看到了战争的残酷，也让人看到了清政府的狠毒。其实八王在谈判开始时就担心清军不遵守投降保命的承诺，特意请英国人戈登率领的洋枪队从中作保，结果他们交出苏州城后还是被预先埋伏好的李鸿章的手下杀害了，同时被杀的还有城内已经放下武器的上万名官兵。杀降消息传出后负面作用就是，太平天国的军人之后更加英勇，战到最后，鲜少降者，因为他们知道对手不讲信用。当然大清王朝也耗尽了内力，以后抵御外辱时就落到了只能挨打的地步。

巧合的是，战后多年李鸿章还见过到访的格兰特将军，那是1879年，格兰特卸任总统后周游世界来到中国，见面时据说李鸿章很自负地说，你我都是世界上最伟大的人，因为各自都镇压过国内最大的叛军。他说的有一定道理，因为，两人都打了那么多年内战，都是南方和北方之间的争斗。只是不杀降、不虐俘、礼遇败军的美国最终实现了国内和平，延续了百年强国之梦。而对外卑躬屈膝、对内残暴无情的大清王朝则是从一种腐败走向另一种腐败，从一种残酷走向另一种残酷，几十年后土崩瓦解，一个世界上曾经最强盛的帝国就那样无声无息地消失了。

你可以杀戮回应杀戮，以怨报怨，也可以德报怨，前者需要勇气，后者则不仅需要勇气，还需要内心深处更多的东西，那种慈悲、宽容和共存的心态。李鸿章可能理解不了格兰特义释对手的慈悲，格兰特更理解不了李鸿章杀降八王的残忍，尽管双方都是胜利者。千古之后，谁的故事更让人怀念，谁的举动更让人敬仰，谁会成为人们精神上的偶像？

第四十八讲　偶像进化之成为自己

我的偶像尽管会进化，甚至会位移，但是从未被我否定过和抛弃过，他们一直存在于我的信念当中。

一、信仰和理想

即便现在，我也认为厨师是个不错的职业，跟那些经常在舞台灯光下的人士一样，也可能有个艺术人生。

有些人则会否定，会推翻自己的偶像，他们沿着与自己偶像相反的道路，也能功成名就。比如精神分析领域的弗洛伊德和荣格，比如现象学领域的胡塞尔和海德格尔，在这两个领域中前者都是后者的精神偶像，但是后者最后都和偶像决裂，进而开创自己的研究领域并做出成就，也受到后人的尊重。

为什么不呢，每个人路径不同，命运也不同，偶像不是限制个人发展的面罩和护身符，偶像可能会把人们反推到更宽广的领域。古今中外历史上那些仁人志士、专家学者往往也是人们崇拜的对象，但是科学是用来进步的，生命是用来进化的，否定之否定往往支撑着人类进步和社会发展，也体现着良知。

精神偶像是人们敬仰崇拜的形象，或者适应我们的物质需求，或者满足我们的精神寄托，是真理和善良的象征，其美好的品质也常常为人们所接受，进而成为心灵灯塔，不仅具有导向引领的作用，还会产生巨大的社会群体凝聚力。这是因为人类不仅活在物质世界里，还活在精神世界里，这个世界经常空虚需要激励，偶像就有了存在空间与位置。

偶像崇拜是指对自己所仰慕的对象的尊重与钦佩，可以引导人生走向，通过钦佩道德高尚、才华横溢的榜样，到学习他们那样为人处世也是一个人进步的过程，完善自己的过程，是积极向上的。人可以没有偶像，但不能没有信仰和理想，不能没有追求的目标，否则生活就失去了意义。

二、精神与寄托

韦伯在《新教伦理与资本主义精神》中强调了伦理观念对经济发展的影响，进而阐明了资本主义为什么起源于西欧国家而非南欧或东方国家，他的分析为经济发展和社会进步提供了文化视角的启示。韦伯指出经济发展需要人们的内在动力，而内在动力或者精神来自道德伦理层次的价值观念，而决定人们行为取向标准的道德伦理层次的价值观念来自人们的信念与信仰，所以宗教在一个国家或者地区的经济发展过程中扮演非常重要的角色。

偶像可以是实实在在的，也可以是书本中的、理想中的；可以是当下时代的，也可以是历史上的；可以作为精神上的寄托，也可以满足现实需要。我到墨西哥时看到墨西哥城北部降雨稀少，久旱期待甘霖，于是当地人世世代代崇拜雨神，在庄重的古代文化遗址上常常看到样子不同的雨神石刻，当地人对其顶礼膜拜，像虔诚地对待上帝一样，那是人们崇拜的神灵，人们供奉它，向它忏悔，向它祈祷，因为它在人心目中具有特定神秘力量，可以给人类带来丰收和喜悦，所以下雨这个自然现象也成为崇拜的对象。

偶像也不分国籍，不计贫贱，不讲阶层，甚至超越国界，超越教派，超越意识形态。社会发展到今天，人们偶像崇拜的目光已经从宏大威严的神坛，转移到日常生活的现实中，一部作品能让人感动，一首歌能让世人传唱。《再别康桥》能让人怀念徐志摩，"面朝大海春暖花开"使我们想起海子。偶像崇拜也变得具有多元化、多样化和个性化的特点。喜欢科学的崇拜爱因斯坦，爱打仗的尊崇拿破仑，渴望创业的想当比尔·盖茨，和我想当厨子的幼年想法差不多是一个道理。

三、价值与人性

当然年轻人的世界更丰富多彩，他们崇拜的对象也就更容易形成，甚至一次世界杯比赛在提高社会普遍兴趣的同时也会涌现一批偶像。2006年足球世界杯时人人都在谈论球赛，走在北京三里屯大街上我们就被几个女孩子拦着要签名支持她们眼中的球星。当然，这种偶像来得快走得也快，因为不需要深入思考，只需要激情。从这点上看，树立良好的社会风气是非常重要的。

如果社会上都学习雷锋，官场上都敬仰焦裕禄，那就是这个国家的幸事。不幸的是，如果百姓个个自私，官员人人利己，没有偶像，没有信念，那样人们就会失去方向，就没有榜样的力量，就只会导致急功近利的心态膨胀，导致劣币驱逐良币，就庸俗到了只认钱。

所以引领舆论的重要，就像经济学界争论几百年的究竟是市场经济还是政府调节一样，经过引导的舆论和自然形成的社会风气也需要两者并用，当然不是严加管制，也不是自由放任，其中的度就是执政者的智慧。

我还想指出的是，能给你精神激励的人，不一定是名人，只要能激励你、鼓舞你的人就都可以是你心中的偶像。盛世时我们有太多的偶像和追求的目标，乱世时我们至少应该有雷锋，至少应该有只做好事不做坏事的心态。

老天爷通过大灾大疫一次次警告人类：在地球上应该尊重的是自然规律，在自然规律之上更应该尊重的是人类据此制定的规则，在规则之上更应该尊重的是我们的良心。

偶像代表着某种理想、某种价值。存在于人类经验范围内的东西，要么值得保存，要么值得反思。价值塑造一个时代，古希腊、古罗马、中世纪、文艺复兴时代、资本主义国家、社会主义国家，看看是哪些理想和价值被人类社会沿袭了下来，而哪些被唾弃。时代演进并不总是朝着进步的方向。每一次价值失范的时候，社会就会陷入动荡。幸运的是，人类社会一次又一次回到最根本的原则上，那就是：道德、仁爱、良心发现。选择具有这种品质的人做自己的偶像，总是不会错的，无论在哪个年代里，无论在哪种文化中。

在我人生的不同阶段，我分别被雷锋的助人为乐精神、赵云的理智与低调、雨果的人道主义、李将军的绅士风度和格兰特将军的慈悲之心感染。我并不常用精神偶像这样的词来称呼他们，不过他们确实起到了偶像的作用，让我想成为像他们那样的人。我也许并没有他们那样的品质，但是那些品质像镜子一样经常映射着，我多多少少会在由他们建立的价值体系里面对人生。

参考书目
BIBLIOGRAPHY

［1］厉以宁. 体制·目标·人［M］. 哈尔滨：黑龙江人民出版社，1986.

［2］厉以宁. 非均衡的中国经济［M］. 北京：经济日报出版社，1990.

［3］林毅夫. 从西风到东潮［M］. 北京：中信出版社，2012.

［4］罗贯中. 三国演义［M］. 北京：人民文学出版社，2013.

［5］亚当·斯密. 道德情感论［M］. 西安：陕西人民出版社，2004.

［6］古斯塔夫·勒庞. 乌合之众［M］. 北京：中央编译出版社，2005.

［7］托克维尔. 旧制度与大革命［M］. 北京：商务印书馆，2012.

［8］亨利·基辛格. 论中国［M］. 北京：中信出版社，2012.

［9］维克多·雨果. 九三年［M］. 北京：人民文学出版社，1978.

［10］巴尔扎克. 高老头［M］. 北京：人民文学出版社，1978.

［11］艾·丽·伏尼契. 牛虻［M］. 北京：中国青年出版社，1979.

［12］奥斯丁. 傲慢与偏见［M］. 上海：上海译文出版社，1980.

［13］马里奥·普佐. 教父［M］. 南京：译林出版社，1995.

[14] 玛格丽特·米切尔. 飘 [M]. 呼和浩特：内蒙古人民出版社，2003.

[15] 瑞·达利欧. 原则 [M]. 北京：中信出版集团，2018.

[16] 托马斯·弗里德曼. 世界是平的 [M]. 长沙：湖南科学技术出版社，2006.

[17] 丹尼尔·卡尼曼. 思考，快与慢 [M]. 北京：中信出版社，2012.

[18] 伊藤穰一，杰夫·豪. 爆裂 [M]. 北京：中信出版社，2017.

[19] 纳西姆·尼古拉斯·塔勒布. 非对称风险 [M]. 北京：中信出版集团，2019.

[20] 弗雷德里克·皮耶鲁齐，马修·阿伦. 美国陷阱 [M]. 北京：中信出版集团，2019.

[21] 稻盛和夫. 坚守底线 [M]. 北京：中信出版社，2011.

[22] 彼得·D. 希夫，约翰·唐斯. 美元大崩溃 [M]. 北京：中信出版社，2008.

[23] 威廉·科汉. 最后的大佬 [M]. 北京：中信出版社，2009.

[24] 车耳. 财富幻象 [M]. 北京：人民邮电出版社，2008.

[25] 车耳. 信托与契约精神 [M]. 北京：商务印书馆，2018.

[26] 车耳. 如此法国 [M]. 北京：科学出版社，2006.

[27] 车耳. 男人绅士女子优雅 [M]. 北京：中信出版社，2010.

[28] Victor·Hugo. Quatre-Vingt-Treize [M]. Paris: Le Livre de Poche, 1967.

[29] Mario·Puzo. The Godfather [M]. London:Arrow Books, 1991.

[30] Jimmy and Rosalynn Carter. Everything to Gain [M]. New York: Random House, 1987.

致 谢

感谢国际儒学联合会吴浩先生鼎力推荐,
感谢四川人民出版社黄立新先生
和编辑团队郭健和廖姝云女士的辛苦策划和修改。